CINQUIÈME CONGRÈS

DES

MAITRES IMPRIMEURS DE FRANCE

LIMOGES 1898

EXPOSITION RÉTROSPECTIVE

DE

L'ART TYPOGRAPHIQUE

TYPOGRAPHIE

RELIURE — GRAVURE — LITHOGRAPHIE — HISTOIRE DU LIVRE

HISTOIRE DE L'IMPRIMERIE

EXPOSITION SPÉCIALE DU LIVRE LIMOUSIN

CATALOGUE PAR ORDRE DE MATIÈRES

IMPRIMERIE HENRI CHARLES-LAVAUZELLE

EXPOSITION RÉTROSPECTIVE

DE

L'ART TYPOGRAPHIQUE

CINQUIÈME CONGRÈS

DES

MAITRES IMPRIMEURS DE FRANCE

LIMOGES 1898

EXPOSITION RÉTROSPECTIVE

DE

L'ART TYPOGRAPHIQUE

TYPOGRAPHIE

RELIURE — GRAVURE — LITHOGRAPHIE — HISTOIRE DU LIVRE

HISTOIRE DE L'IMPRIMERIE

EXPOSITION SPÉCIALE DU LIVRE LIMOUSIN

CATALOGUE PAR ORDRE DE MATIÈRES

IMPRIMERIE HENRI CHARLES-LAVAUZELLE

INTRODUCTION

Deux expositions bibliographiques ont eu lieu déjà à Limoges : en 1886 et en 1895. La première réunissait des ouvrages de toutes les provenances ; le comité organisateur s'était néanmoins efforcé de faire ressortir autant que possible l'élément local. Ce n'était là d'ailleurs qu'une simple section d'une *exposition des sciences et des arts* organisée par la société Gay-Lussac.

Une exposition spéciale du Livre limousin fut organisée à l'occasion du cinquantenaire de la Société historique et archéologique de notre province, en 1895 ; contenant 209 numéros, plus quelques thèses et un bon nombre de reproductions photographiques, elle offrait un ensemble bien complet de l'ancienne production limousine.

On tente aujourd'hui de faire une exhibition établie sur un plan plus étendu ; c'est l'ensemble de l'histoire de l'art du livre que l'on voudrait présenter à nos visiteurs. Évidemment, beaucoup d'entre eux ont eu l'occasion de voir des expositions plus complètes, plus riches, conçues d'après les mêmes données ; cependant, on a l'espérance qu'ils n'auront pas trop de dédain pour des efforts qui, en somme, pourraient fort bien aboutir à leur montrer quelques spécimens peu connus, quelques rares morceaux. Le but des congrès corporatifs est d'échanger des idées pour la poursuite du progrès ; l'heure passée à l'exposition rétrospective organisée dans les salles de la bibliothèque de Limoges sera-t-elle une heure perdue ? On a la confiance que non : les producteurs français ont toujours la préoccupation de l'élégance et du bon goût ; se trouver réunis quelques instants dans un milieu artistique constitué par une réunion de livres de choix, de bonnes gravures, de belles reliures, pourra présenter quelque agrément à nos hôtes qui ne nous sauront certainement pas mauvais gré de leur avoir fourni l'occasion d'échanger quelques vues d'art, dans une ville où le goût des belles choses a produit de grandes choses, ainsi qu'en témoigne notre magnifique musée céramique malheureusement fermé en ce moment.

Notre modeste exhibition aura sans doute son utilité à un point de vue particulier : si nos hôtes ont pu voir des expositions spéciales qui d'ailleurs ne se font que trop rarement, il n'en est pas ainsi de nos amateurs locaux dont la plupart ont si peu d'occasions de développer ou même d'acquérir les connaissances bibliographiques que les manuels ne sauraient seuls donner ; organisée spécialement en vue du Congrès, l'exposition rétrospective de l'art typographique sera cependant ouverte au public qui, par son moyen, pourra se former le goût dans quelque mesure ; à ce dernier point de vue, il nous sera peut-être permis de remarquer que la tentative dont on prend l'initiative à Limoges présente un certain intérêt : les bibliothèques publiques sont nombreuses en France, la plupart renferment, en nombre, des spécimens curieux et variés de l'ancien art typographique. Combien il y aurait bénéfice à enlever quelquefois ces volumes de leurs rayons où la poussière les ronge trop souvent, pour les montrer au public, systématiquement classés ; les praticiens y trouveraient de beaux exemples et les bibliophiles des occasions de se former et d'étendre la sphère de leurs connaissances.

L'exposition du « Livre limousin » ne remonte qu'à trois ans, mais il y aurait lieu de la recommencer aujourd'hui, puisque nous avons la satisfaction de recevoir la visite d'un bon nombre des chefs de l'industrie typographique en France. Notre race et notre ville ont la légitime fierté de leur passé, de

ce passé tout de travail et d'efforts patients et courageux;
la pensée de montrer aux membres du Congrès quelques
épaves de ce passé honorable, sinon glorieux, était bien natu-
relle, on s'est efforcé d'y réussir; cependant, le nombre des
livres limousins que nous exposons est inférieur à celui
qu'avaient réuni les organisateurs de l'exposition de 1895. A
cela il y a plusieurs raisons qu'il ne saurait être absolument
inutile d'indiquer ici brièvement. En 1895, l'exposition biblio-
graphique était faite pour des archéologues, pour des archéologues limousins, l'archéologie est une science analytique
qui se préoccupe beaucoup — nous ne disons pas beaucoup
trop — de l'étude des infiniment petits; recueillir tous les
livres portant à leur première ou à leur dernière page le nom
de Limoges, encore conservés dans les bibliothèques publiques ou privées, ou oubliés depuis des siècles dans le familial
entassement de nos greniers, fut un soin pieux dont on a su
gré, et avec justice, aux promoteurs d'une exhibition faite
pour être vue par des bibliophiles limousins, que tout ce qui
est sorti des vieilles presses limousines devait vivement
intéresser; mais ce précédent créait-il pour nous une obliga-
tion étroite de réunir tous nos antiques Despautere, tous nos
vieux catéchismes pour les montrer à nos hôtes? Nous ne
l'avons pas cru et nous nous sommes borné à présenter un
nombre suffisant de bons spécimens de l'ancienne typographie
limousine; il se trouve dans cet ensemble des œuvres fort
précieuses, dont il eût été possible d'augmenter le nombre,
mais on a cru devoir mettre quelque discrétion aux demandes
faites aux collectionneurs et aux amateurs.

Un mot sur le plan suivi :

On présente d'abord un ensemble de spécimens choisis
parmi les mieux caractérisés, formant comme une histoire du
Livre, histoire abrégée, car on a dû s'en tenir aux grandes
lignes; bien entendu la reliure a été comprise dans cette
section.

Cette histoire du Livre est complétée par une série de marques, prises parmi les plus curieuses et les plus pittoresques.
Il nous eût certainement été impossible, dans les conditions

où nous étions placé, de réunir un ensemble à peu près complet des anciennes marques, — à tous et partout la chose eût présenté des difficultés à peu près insurmontables; — nous n'avons même pas eu la pensée de le tenter, nous bornant à montrer un certain nombre de types variés.

Nous avons cru qu'il serait intéressant de former une section comprenant de bons exemples des divers procédés techniques qui, jusqu'à la période contemporaine — la production de celle-ci étant exclue — ont servi à la décoration du livre : gravure sur bois, gravure en camaïeu, gravure à l'eau-forte, burin et taille douce, aqua tinte, manière noire, gravure en couleurs, coloriage, lithographies, chromolithographies, etc. Comme nous avions quelques surfaces de murs qui, laissés nus, auraient présenté un aspect déplaisant, nous avons songé à exposer un certain nombre de planches appartenant à chacun des divers genres énumérés plus haut. Mais, dira-t-on, c'est là de l'estampe et non de la typographie! Peut être…; cependant ces productions d'art ont été obtenues par les mêmes procédés qui servaient à l'illustration du livre, pour nous servir d'un mot moderne, et c'est bien à la presse que l'on doit les estampes, même les plus artistiques!

Enfin, on présente une série de gravures nombreuses et variées relatives à l'imprimerie, aux imprimeurs, etc.; les visiteurs de l'exposition y trouveront une réunion de beaux portraits des grands imprimeurs, parmi lesquels il est regrettable de ne pas voir figurer le martyr Étienne Dolet dont il ne nous a pas été possible de trouver un bon portrait; des compositions relatives aux habitudes des imprimeurs, des écrivains, des bibliophiles, etc., des caricatures complètent cet ensemble.

On n'a pas cru devoir s'interdire, lorsque l'on a espéré intéresser nos visiteurs, de donner un plus grand développement à certaines parties de telle ou telle section; il y a là quelque chose d'analogue à la digression dans le discours; ce n'est pas à nous de décider si nous avons su légitimer cette manière de faire.

Nous terminons en demandant un peu d'indulgence pour

cette exposition organisée très hâtivement, et aussi pour ce catalogue écrit au courant de la plume; nous aurions voulu mieux faire; celui qui signe cette préface se souvient, non sans quelque douceur, qu'il a appartenu à la famille typographique, puisqu'il a été correcteur d'imprimerie, que son père a eu un établissement typographique à Paris, rue de l'Université; il a été heureux de voir accepter le concours spontanément offert de sa bonne volonté; cette bonne volonté, il l'a donnée tout entière. D'ailleurs, une considération lui commandait de ne pas ménager ses efforts : bibliothécaire municipal, il contribuait dans une certaine mesure, dans une humble mesure, si l'on veut, à l'accueil sympathique et cordial que la ville de Limoges — ville d'imprimeurs — entend faire aux Maîtres Imprimeurs de France qui lui font aujourd'hui l'honneur de la visiter.

Camille LEYMARIE,

CORRESPONDANT HONORAIRE DU MINISTÈRE DE L'INSTRUCTION PUBLIQUE,
MEMBRE NON RÉSIDENT DU COMITÉ DE LA RÉUNION DES SOCIÉTÉS DE BEAUX-ARTS.

P.-S. — Au cours de ce travail il se produit quelques omissions; le lecteur est prié de se reporter aux *addenda.*

HISTOIRE DU LIVRE

———

§ 1ᵉʳ. TYPOGRAPHIE — ILLUSTRATION MARQUES — RELIURE

———

INCUNABLES

1. Incepit phemium de pprietatibus rerû fratris BARTHOLOMEI âglici de ordine fratrum minorum. — A la fin : *Explicit... anno Domini Millesimo quadringentesimo octuagesimo secundo.*

In-folio, imprimé sur deux colonnes, rubriques en rouge et bleue, sans pagination.

(A la Bibliothèque de Limoges.)

2. Genealogie deorû gentilium BOCCACII DE CERTALDO ad hugonem inclytum Hierusalem et Cypri regem eiusdem probœmiun. — A la fin : *Venetiis Ldus La n* CCCC / XXIII.

In-folio sans titre ni pagination. L'indication ci-dessus est prise en tête de la première page du texte, après les tables. Les grandes lettres réservées pour être faites à la main n'ont pas été exécutées. Bel exemplaire d'une édition très estimée. Reliure de l'époque.

(A la Bibliothèque de Limoges.)

3. L. A. Senece libellus de quattuor virtutibus cardinalibus cum familiari explicatione...... — A la fin : *Impressum Colonie per providum virum Henricum Quentell anno salutis* M CCC XCIX.

In-4°, caractères romains, sans rubriques.

(A la Bibliothèque de Limoges.)

4. (VIRGILII MARONIS opera...) — A la fin : *Impressû Venetiis per toma de Alexandria* M CCCC / XXXIIII *die* XIIII *decêbris.*

In-folio sans titre ni pagination ; la première page commence ainsi : « Maronis vita ». Rubriques rouges et bleues. Caractères romains. Nombreux commentaires manuscrits.

(*A la Bibliothèque de Limoges.*)

5. Sans frontispice. On lit au verso du premier feuillet :

VALERII MAXIMI dictorum et factorum memorabilium rubricæ. — A la fin : *Impræssum Venetiis per Dionysium et Pelegrenû Bono-nièses. Anno dni* M CCCC LXXXV.

In-folio, caractères ronds, sans pagination. Les majuscules réservées n'ont pas été exécutées.

(*A la Bibliothèque de Limoges.*)

6. Incipiunt exempla sacre scripture ex utroq. testamento secundâ litteras collecta. — A la fin : *Impressa parisiis sole aureo, anno a nativitate Domini Nostri Iesu Christi.* M CCC LXXVIIII *januarii per magistrû Ulricum cognomento Gering.*

In-4°, caractères romains.

(*A la Bibliothèque de Limoges.*)

7. Côcordia astronomie cû théologie, côcordia astronomie cû historica narratione. Et elucidarii duos precedemium ; dni petri de ALIACO. — A la fin : *Erhardi Ialdot mira imprimendi arte : qua nuper venetiis nni Augusti Vindelicorum excellet nominatissimus. 4 nonus januarii* 1490.

In-4°, caractères gothiques, lettres ornées, rubriques rouges et bleues. Gravure sur bois.

(*A M. le colonel Varigault, à Tours.*)

8. Questiones supra logicam nouam Aristotelis ; secundum doctrinam doctoris sancti Thome de Aquino nouiter correcte emendateque et îpresse. — A la fin : *Finem sûpsit logica vetus duodecima die septembris. Anno dni milliô quadrâgêtesimo nonagesio priô* (1451), *pictavis îpressa p. magistrû Ioannem Bouyer et magistrum Guillermum Bouchet.*

In-folio, caractères gothiques. Les grandes lettres ornées de têtes caricaturales sont imprimées. Marque de Jean Bouyer et de Guillaume Bouchet. A la fin marque de Jean Bouyer. Exemplaire très rare.

(*A la Bibliothèque de Limoges.*)

9. Feuille 11 de la 2ᵉ édition des *Auctores Octo* renfermant plusieurs préfaces en vers par Foucaud MONNIER, professeur de belles-lettres à Angoulême, et imprimée dans cette ville par Pierre Alain et André Cauvin, en 1492.

Caractères gothiques. Petit in-4°
(*A M. de Fleury, archiviste de la Charente.*)

10. Fragment des Questiones super minorem donatum, imprimé à Angoulême par Alain et Cauvin. — A la fin : *Expliciunt questioncule grammaticales super Danatum ninorem, Engolisme impresse bene vise et correcte, anno salutis christiane* M CCCC XCII. XVI *die mensis aprilis.*

Caractères gothiques. Petit in-4°.
(*A M. de Fleury.*)

11. Tractatus reprobationis sententiæ, par LOUIS MUNTAT. — A la fin : *Impressum parisiis. Anno domini 1493, die vero quarta m-esis marcii.*

In-4° sans pagination. Caractères gothiques, rubriques rouges. Au titre marque de Marnef.
(*A la Bibliothèque de Limoges.*)

12. Fragment du Grecismus D'EVRARD DE BETHUNE, publié avec commentaire, par Foucaud MONNIER, professeur de belles-lettres à Angoulême et imprimé dans cette ville par Alain et Cauvin en 1493.

Caractères gothiques de deux corps, l'un pour le texte, l'autre pour les commentaires. In-4°.
(*A M. de Fleury.*)

13. Liber chronicarum, per HARTMAN SCHEDEL..... *hunc librum Anth. Koberger Nuremberga impressit anno* 1493.

In-folio. Caractères gothiques; plus de 2.000 gravures en bois de Wolgemut et de Guillaume Pleydenwurt.
(*A la Bibliothèque de Limoges.*)

14. VERGILIUS cum cômentariis quinq. videlicet Servii Landini, Ant. Mancinelli Danoti Domitii. — A la fin : *Impressum Venetiis per Bartolomeum de Zais de Portesio, sub anno domini* 1555 *die octavo augusti.*

In-folio, caractères romains.
(*A la Bibliothèque de Limoges.*)

15. CHATO cû glosa et moralisatione. — A la fin : *Expliciunt glosule cathonis valde utiles valentibus instrui in bonorum morum acceptône malor fuga. Optime correcte impresse. Anno salutis* M CCC XCVI *p. Henricum Quentell in colonia.*

In-4°, caractères gothiques, sans pagination, sans rubriques. Une gravure sur bois au titre.

A la suite du précédent :

16. Epytoma Ioanis de Môte Regio in almagestû Ptolemei. — A la fin : *Explicit... curaque e emadatione... Casparis Grossch. Stephani Rœmer apero quoque arte... Viri solertis Iohannis hamom de Landoia... anno salutis 1496.*

In-folio, caractères gothiques ; grandes lettres romaines accompagnées d'ornements s'élevant en blanc sur fond noir. Frontispice gravé sur bois. Très beau livre au point de vue du goût artistique et de l'exécution typographique.

(*A la Bibliothèque de Limoges.*)

17. Sûme de ecclesia domini. Joannis de Turre... — A la fin : *anno* m cccc xcvi. xx *mensis septembris.*

In-folio, caractères gothiques sur deux colonnes.

(*A la Bibliothèque de Limoges.*)

18. Sermones sancti Vincentii, fratris ordinis predicatorum de sanctis.

Ce recueil des sermons de saint Vincent Ferrier, en caractères gothiques, fut achevé d'imprimer à Lyon, le 23 avril 1497. Il ne porte pas le nom de l'imprimeur.

(*A M. de Fleury.*)

19. Catho moralizatus... *impressum Lugduni per Johannem de Uingle... m cccc xcvij die xxviiij ianuarii.*

Caractères gothiques sur deux colonnes. Bois dans le texte. Beau spécimen des incunables de Lyon.

(*A M. A.-L. Storck, de Lyon.*)

20. Uberrimum sphere mundi comêtu intersertis étiâ questionibus dni Petri de Aliaco... — A la fin : *Impressum est hoc opusculum anno dnice nativitatis 1498.*

In-folio, gravures sur bois, frontispice, marque de Jehan Petit.

(*A la Bibliothèque de Limoges.*)

21. Dictionarius pauper omnibus predicatoribus verbi diuini necessarius in quo multu succente côtinetur materie singulis festinitatibus totius anni... — A la fin : *Impressa parisii per magistrum Andréa Bocard. Anno* m cccc xcviij...

In-4°, caractères gothiques, imprimé sur deux colonnes. Au titre, marque d'imprimeur en rouge ; à la fin, marque en noir.

(*A M. Nivet-Fontaubert, à Aixe-sur-Vienne.*)

22. Slultifera nauis. Narragonice profectionis nuncq satis laudata nauis p. Sebastianû Brant... — A la fin : *Finis Narragonice* *nauis... in' laudatissima urbe parisiensi : Nup. opera... Gofridi de marnef. Anno* M CCCC XCVIII.

In-4°, caractères gothiques. Intéressantes gravures sur bois. Edition recherchée. Notre volume a la reliure de l'époque.

(A la Bibliothèque de Limoges.)

23. Prohemium in divi Severini BOETY de scholarium disciplina còmentarium feliciter incipit. — A la fin : *...Impressus Lugduni opera Iacobi Mailleti. Anno dni* M CCCC XCIX *die* X *aprilis.*

In-4°, caractères gothiques. Marque de Jean de Vingle.

(A la Bibliothèque de Limoges.)

24. Fragment d'un traité de théologie imprimé visiblement à Angoulême, avec les mêmes caractères gothiques que les deux ouvrages catalogués plus haut et par les mêmes imprimeurs.

In-12.

(A M. de Fleury.)

25. *Postilla* NICOLII DE LIRA..... — A la fin : *Explic. postilla Nicolai de Lira sup. veter, testamtû cû expositoib. britonis in plegos Hieronimi et cû additoib pauli epi burgêsis, et correctoriis eorundem additionum editis a Mathiû Daringe ordinis minorum.*

In-folio sur deux colonnes, rubriques bleues et rouges, quelques grandes lettres miniaturées.

(A la Bibliothèque de Limoges.)

26. Fragment d'un livre d'heures, en caractères gothiques, rouge et noir, publié à l'usage d'Angoulême, comme l'indique la réclame *Engo*, qui se lit au bas du cahier E. I. mais probablement imprimé ailleurs.

In-18.

(A M. de Fleury.)

26 *bis.* (Cato.) Les premiers feuillets manquent. — A la fin : ... *impressum lugduni per Iohannem de Vingle. Anno domini* M CCCC XCVII *die* XXVIII *januarii.*

In-4°, caractères gothiques, sur deux colonnes, lettres ornées imprimées, belle exécution typographique.

(A M. Storck.)

27. Tractatus DVNI super regulis iuris... — A la fin : ... *impressum parisius* p. Antoniû Caillaut (s. d.).

(A M. l'abbé Leclerc.)

XVIᵉ SIÈCLE

Certains des volumes suivants (jusqu'au nᵒ 34) sont assimilables aux incunables, bien qu'imprimés après la date 1500, à laquelle, dans le sens le plus étroit, s'arrête la série des ouvrages parus aux débuts de l'imprimerie.

28. Commenta duplex in Bœtium de consolatione philosophie... — A la fin : *Impressus Lugduni. Opera Iacobi Mailleti anno dni* M CCCCC I *die* XVIJ *augusti.*

In-4º, lettres ornées imprimées, marque de Jean de Vingle.

(A la Bibliothèque de Limoges.)

29. Summa Angelica de casibus cô. sciĕtie p. venerabile fratres Angelû de clauasio compilata incipit feliciter. — A la fin : *Lugduni per Iohannem de Vingle, anno salutis* M CCCCC I.

In-4º.

(A la Bibliothèque de Limoges.)

30. Commentû duplex in Bœtium de consolatione philosophie cum utriusq. tabula... — A la fin : *Finitus Bœtius de disciplina scholarium cum commeto. Impressus Lugduni opera Iacobi Mailleti, anno dni* M CCCCC I *die* XVIJ *augusti.*

In-4º, titre en rouge et noir, marque de Jacques Maillet.

(A la Bibliothèque de Limoges.)

31. Auctores latinæ lingvæ in vnvm redacti corpus... *p. Gervasii hœredes Eustathis Vignon* M DC II.

In-4º, titre gravé en bois.

(A la Bibliothèque de Limoges.)

32. Platinæ hystoria de vitis pontificum... *venundantur parisiis in vico sancti Iacobi sub intersignio divi claudii.* — A la fin : *anno dni millesimo quingentesimo quinto* VIIJ *idus octobris.*

In-8º, caractères ronds, gravure sur bois au titre.

(A M. l'abbé Leclerc, aumônier de Naugeat, à Limoges.)

33. Que hoc volumine continetur : Liber de intellectu; Liber de sensu, etc. (auct. Carolo Bovillo Samarobrino). A la fin : *Emissum ex officina Henrici Stefani, anno 1510.*

In-4°, frontispice.

(*A la Bibliothèque de Limoges.*)

34. Rapsodie historiarum Enneadum Marcii Antonii Coccii Sabellici ab orbe condito. Pars prima, quinque complectens Enneades. Præmissis earumdem repertoriis auctis et recognitis ab ascensio cum authoris Epitomei. *Verumdatur in parrhisiorum academia ab Joanne Pardo : et ipso qui impressit ascensio.* — A la fin : *anno* M D XIII.

Caractères gothiques, en rouge et noir, frontispice. Marque au titre. 2 volumes in-folio.

(*A la Bibliothèque de Limoges.*)

35. Thome de Garbo filis duni de florêtia cômentaria : non parte utilia in libros Galemi de febriû differêtiis... — A la fin : *impressum Lugd, per Gilbertum Devilliers... Anno salutis* M CCCCC XIIII. *Die* XVII *mensis octobris.*

In-4°. Caractères gothiques, sur deux colonnes, titre en rouge, ornements gravés sur bois et marque en noir; belle exécution typographique.

(*A M. Storck.*)

36. Les loables coustumes du pays é duché de Bretaigne usitées et corrigées par plusieurs discretz et uenérables juristes... nouvellement *corrigees e* amêdees *pour Jehâ Mace, libraire, demourât* à Rênes... *pour* Michel Angus, demourât à Caen... et pour Richard Mace, demourât à Rouê. — A la fin : *Et furent achevées le* XV° *iour de novembre mil huit centz et quatorze.*

Petit in-8°, caractères gothiques, en rouge et noir.

(*A la Bibliothèque de Limoges.*)

37. In hoc opere contenta Ludus et Annœi Senecæ, de morte Claudij Cœsaris, nuper in Germania reptus cû cholijs Beati Rhenani, etc..., *apud inclytam Germaniæ Basileam.* — A la fin de l'un des opuscules contenus dans ce volume : *Basiledæ in ædibus Ioanis Frobenic mense martio* MDXV.

In-4°, frontispice gravure sur bois.

(*A la Bibliothèque de Limoges.*)

38. Theoricarum nouarum textus Georgij Parbachij cû vtili preclaressima expositione Domini francisci Capuoni d. Manfre-

donio... *Venundatur hoc opus parrhisiis vbi novetis impressu in vico divi Jacobci sub lilio aureo.* — A la fin : *anno* 1515.

Petit in-folio, frontispice gravure sur bois.

(*A la Bibliothèque de Limoges.*)

39. Les croniques de France... composées en latin par frère Robert Gaguyn... Et depuis, en l'an mil cinq cens et quatorze, translatées du latin en notre vulgaire françoys... *imprimé à Paris par Michel Lenoir... mil cinq cens* et XVI.

In-folio, caractères gothiques, figures sur bois dans le texte. — Marque de Michel Lenoir au titre.

(*A la Bibliothèque de Limoges.*)

40. Le premier volume de la Thoison d'or, composé par le révérend père en Dieu Guillaume (Fillastre) par permission divine, jadis évêque de Tournay, etc... nouvellement imprimé à Paris. Ils se vendent à Paris en la rue Sainct-Jacques, à l'enseigne Sainct-Claude. — A la fin : *Imprimé à Paris, l'an mil cinq cens et dix-sept,* par *Anthoine Bonne Mère.*

Un volume in-folio, caractères gothiques, figures en bois dans le texte. Marque de François Regnault au titre.

(*A la Bibliothèque de Limoges.*)

41. Sexti libri materia cum capitulorum numero... — A la fin : *per Thielmann Kerdĕr famosissime parisieū universitatis librariū iuratum ad signum fratris ferri vici sancti Jacobi comemorantem, impressu ere et impensis eiusdem : ac : probatorum virorum Johannes Petit et Johannes Cabeller... anno ab incarnatione dni nostri quingentesimo decimonono supra mille Die vero x mensis junii.*

In-4°, caractères gothiques, imprimé en rouge et en noir. Marque de Thielman au titre.

(*A M. Duverger, libraire à Limoges.*)

42. Tomus primvs quatvor conciliorum generatium... Venundantur Parisiis in edibus Galioti a prato. — A la fin : *Industria Ioanis Cornicularii calcographi parisicsis salertissimi ; anno millesimo ingotesimo vigesimo ultqê idus octobris.*

Un volume in-folio, titre gravé sur bois.

(*A la Société historique et archéologique du Limousin.*)

43. Messire François PETRACQUE ; des remèdes de l'une et l'autre fortune, prospère et adverse. Nouellement imprimé à Paris... *Il se vend en la grande salle du Palais, au premier pillier, en la boutique de*

Galliot du Pré. — A la fin : *Et fut achevé le* xv° *ious de mars mil cinq cens vingt, e trois avant Pasques.*

In-folio, caractères gothiques, frontispice.

(A la Bibliothèque de Limoges.)

44. AVLI GELLII noctium Atticarum libri undevigenti... Venundantur Parisiis in clauio Bruxello apud Guillermu libret. — A la fin : *In œdibus Petri Gromorsi Mense, martio anno* M D XXVI.

In-folio, frontispice en rouge et noir.

(A la Bibliothèque de Limoges.)

45. Opera Q. Haratij Flacci poete amœnissimi cum quatuor commentarijs... *Venundantur Parrisijs Petrum Gandoul,* 1528.

In-folio, caractères gothiques, en rouge et noir, frontispice, marque de Pierre Gandoul.

(A la Bibliothèque de Limoges.)

46. Lucanus cum tribus commentis. M. Annei LUCANNI cordubensis Pharsaliu, etc... (s. l. n. d.). — A la fin : *Impressis Lugduni per honestu viru Ioanne Marion, anno...* M CCCCC XIX.

Frontispice, marque de Simon Vincent, in-4°.

(A la Bibliothèque de Limoges.)

47. Pro C. QUINTIO M. TULLII CICERONIS cum f. Sylvii commentariis. *Venundatur Badio.* — A la fin : M D XXXII.

In-4°, marque de l'imprimeur.

(A la Bibliothèque de Limoges.)

48. Sectus decretaliû liber BONIFACIUM OCTAVUM pontificem sanctissimum in Lugduni concilio editus... *Parisiis officina libraria Galande Bonhomme viduc respectabilis viri Thielmanni Hervcr,* 1534.

In-8°.

(A M. l'abbé Leclerc.)

49. Le premier volume de messire Froissard, lequel traite des choses dignes de mémoires advenue tant es pays de France, Angleterre, Flandres, Espaigne que Escoce et autres lieux circonvoisins. Nouvellement oultre les précédentes impressions imprimé Paris. *On les vend en la rue Sainct-Jacques, à l'enseigne de la Fleur de Lys d'or, en la bouticque de Jehan-le-Petit.* MIL V° XXX.

3 volumes in-folio, caractères gothiques, en noir et en rouge ; frontispice sur bois.

(A la Bibliothèque de Limoges.)

50. Organum Uranicum. Sebastianvs Mvnstierus..... *Basilœ Henricum Petrum anno* M D XXXVI.

In-folio. (On voit sur les pages présentées une gravure sur bois et des ornements typographiques.)

(A la Bibliothèque de Limoges.)

51. Regalium franciæ omnia el dignitates amplissinias... Carohe Degrossolio... authare. — A la fin : Excudebat joannes cripinus lugdune. *Anno millesimo quingentesimo trigentesimo octovo mense fel mario.*

In-8°, belle exécution.

(A M. A.-L. Storck.)

52. Tabulæ poeticæ... *Lugduni, Etienne Dolet,* 1541.

In-12. On remarquera au titre une belle marque du martyr.

(A M. A.-L. Storck.)

53. Historiarum memorabilium ex exodo frequenlibusq libris descriptio par Guillaume Borluyt. *Lugduni apud ion Tornœsium,* M D LVIII.

In-12, très beau livre à tous les points de vue, lettres ornées nombreuses, gravures sur bois du petit Bernard.

(A M. A.-L. Storck.)

54. Historia stirpium, commentarii insignes... *Lugduni apud Balthazar Arnolletum,* M D LIX.

In-12, très beau livre orné de bois nombreux.

(A M. A.-L. Storck.)

55. Pauli Jovii novo comeusis vitæ duodecim vice comitum Mechialani principum. Ex bibliotheca regia. — *Lutetiæ ex officina sol Stephani* M D XLIX.

In-4°, excellents spécimens de gravures sur bois.

(A la Bibliothèque de Limoges.)

56. Orlando furioso, di M. Ludovico Ariosto..... *in Lione Bastino di Bartholomeo honorati* M D LVI.

In-4°, frontispice, gravures sur bois.

(A la Bibliothèque de Limoges.)

57. Le décameron de M. Jean Boccace, florentin; traduit d'italien en français, par maître Antoine le Macon... *A Lyon, par Guillaume Roville,* M D LVIII.

In-12°, marque au titre.

(A M. A.-L. Storck.).

58. Orlando furioso, di M. Ludovico ARIOSTO... in Venetia, *appresso Vincenzo Valgrisi, Nello Botega d'Erasmo*, M D LVIII.

In-4°, frontispice et première page gravés sur bois.

(*A la Bibliothèque de Limoges.*)

59. Les œuvres de Clément MAROT de Cahors, vallet de chambre du roy... *A Lyon, chez Guillaume Rovillc*, M D LXI.

(*A M. A.-L. Storck.*)

60. Discours de la religion des anciens Romains, de la castramétation et discipline militaire... *A Lyon, chez Guillaume Roville*, 1565.

(*A M. A.-L. Storck.*)

61. Nouelle et cinqvième édition dv recveil d'arrests notables des covrs sovveraines de France, par Jean PAPON, *à Lyon, par Jean de* TOVRNES, M D LXVIII.

In-folio, beau titre sur bois.

(*A la Bibliothèque de Limoges.*)

62. Della fortificationi di M. GALASSO ALGHISI DA CARPI (s. l. n. n.) M D LXX.

In-folio, beau titre gravé.

(*A la Bibliothèque communale.*)

63. IVLII CLARI patritii Alexandrini iurisconsulti opera omnia... *Francfurti ad Mœmen* MD LXXII.

1 vol. in-folio.

(*Aux Archives de la Haute-Vienne.*)

64. Clément MAROT. A Lyon, *par Iean de Tournes*, MD LXXIII.

In-12, le frontispice orné d'un médaillon de Marot est d'un beau caractère d'art.

(*A M. A.-L. Storck.*)

65. Pauli Jovii... Elogia virorum bellico virtuti illustrium... *Petri Pernæ typographia Basil, opera ac studio*, MD L XXV.

In-folio, titre, ornements gravés sur bois.

(*A la Bibliothèque de Limoges.*)

66. Tomus quartus operum M. Tullii Ciceronis... *Lutiæ apud Jacobum du Puis* M D LXV.

In-folio, marque Grosi au titre.

(*A la Bibliothèque de Limoges.*)

67. Les œuvres de M. Antoine d'Espeisses... *à Lyon, chez Jean Antoine Huguetan,* M DC LXXVII.

In-folio, portrait.

(Aux Archives de la Haute-Vienne.)

68. Les Commentaires de César... de la version de Blaise de Vigenère... *A Paris, chez Abel et Auzelier,* M D LXXXX.

In-4°, marque au titre.

(A la Bibliothèque de Limoges.)

69. De SS. martyrum cruciatibus Antonii GALLONII, rom. congregationis oratorii presbitery... *Romæ, ex typographia,* MD XCIV.

In-4°, nombreuses gravures sur bois.

(A M. l'abbé Leclerc.)

70. La Hiervsalem dv Sr *Turquarto* Tasso rendve française par B. D. V. B. (Blaise de Vigenère Bourbonnois). *Paris, Abel Lauzelier,* M D XCV.

In-4°; un portrait de Tasse, gravé sur cuivre par Th. de Leu.

(A la Bibliothèque de Limoges.)

71. ...STRABONIS rerum geographicarum libri XVII ISAUUS CASAVBONUS recensuit... Excudebat *Evstathivs Vignon atribut* M D LXXXXVII.

In-folio, beau titre gravé sur bois, texte grec et latin.

(A la société historique et archéologique du Limousin.)

72. Annales Magistratum et Provincias. S. P. Q. R. ab urbe condita incomparabili labore et industria ex auctorum antiquitatum q. varieis monimenteis suppleti per STEPHANUM VINANDUM PIGHIUM Campensen... *Antverpæ ex officina Plantiniana, apud Joannem Maretum,* M D XCIX.

In-folio, beau frontispice gravé sur cuivre.

(A la Bibliothèque de Limoges.)

73. Ulissis ALDROVANDI opera ommia... *Bononiæ,* 1599.

In-folio, frontispices gravés à l'eau-forte.

Les trois spécimens présentés sont remarquables par la vaillance de la pointe et la virtuosité de la morsure.

(A la Bibliothèque de Limoges.)

XVIIe SIÈCLE

74. Marci VELSERI rerum Boïcorum... *Augustæ Vindelicorum...
anno* M DC II.

In-4°, beau titre.

(*A la Bibliothèque de Limoges.*)

75. Omniæ Auctræ ALCIATI V. C. emblemata... *in officina Iovani
Richerii...* 1602.

In-8°, frontispice gravé sur cuivre, figures dans le texte.

(*A la Bibliothèque de Limoges.*)

76. Histoire de France et des choses mémorables advenues aux
provinces estrangères... (sous Henri IV). *Paris, Jamet Metayer
imprimeur*, M DC V.

In-4°, frontispice gravé sur cuivre.

(*A la Bibliothèque de Limoges.*)

77. Claudii PTOLEMŒI Alexandrini geographiæ... *Jodocus Hon-
dius excudit sibi et Cornelio Nicolai in cujus officina prostant, Franco-
furti* 1605.

In-folio, titre gravé sur cuivre.

(*A la Bibliothèque de Limoges.*)

77 bis. Jac. Aug. Thuani, historiarum sui temporis... *et frontis
Parisiis amb. et hiero, Drovard,* 1606.

In-folio, frontispice gravé sur cuivre par L. Gauthier.

(*A la Bibliothèque de Limoges.*)

78. A dictionarie of the french and englisch tongues... *London,
Printed by Adam Islip,* 1611.

In-folio, titre gravé sur bois.

(*A la Bibliothèque de Limoges.*)

79. P. VIRGILII MARONIS, priores sex libri Æneidos... *Lugduni,
sumptibus Horatii Cardou,* 1612.

In-folio, titre gravé sur cuivre.

(*A la Bibliothèque de Limoges.*)

80. Marguerites poétiques, tirées des plus fameux poètes français, tant anciens que modernes... par ESPRIT AUBERT. *A Lyon, par Barthélemy Ancelin, 1613.*

In-4°, titre frontispice sur cuivre. L. Gaultier, sculpsit.

(A la Bibliothèque de Limoges.)

81. Histoire des papes... *A Paris, chez Nico-Buon,* M DC XVI.

In-4°, marque gravée sur cuivre.

(A la Bibliothèque de Limoges.)

82. Le Livre des Offices de France, par JEAN CHENU, de Bourges. *A Paris, chez Nicolas Bvon,* M DC XX.

In-4°.

(Aux Archives de la Haute-Vienne.)

83. Le Chemin de la perfection, *Paris, Denys Langlois.*

In-8°, frontispice sur cuivre. I. Picard incidit, 1623.

(A la Bibliothèque de Limoges.)

84. Les images des dieux, contenant leurs portraits, coustumes, etc... par Vincent CARTARI, italien et traduites par Anth. du Verdus, sieur de Vauprivas, *à Lion, chez Paul Frellon,* M DC XXIII.

In-8°, bois nombreux. Beau frontispice gravé sur cuivre, par Jean Gaultier.

(A M. A.-L. Storck.)

85. Consuetvdines dvcatvs Bvrgvndiæ, fereque totius Galliæ... *Francfurti, ex officina Nicolai Bassœi.* M DC LXXIIII.

In-folio, frontispice gravé sur bois par Jost-Amman.

(A la Bibliothèque de Limoges.)

86. Description de tous les pays bas, par messire Louis GUICCIARDIN... *Amstelodamis apud Joannem Janssonium, 1625.*

In-folio, frontispice gravé sur cuivre.

(A la Bibliothèque de Limoges.)

87. Le Prince, par BALZAC, *Paris, Thoussainct du Bray, Pierre Roccolet et Claude Sonnius, 1631.*

In-4°, frontispice gravé sur cuivre.

(A la Bibliothèque de Limoges.)

88. L'Eromène. *Paris, Augustin Courbé, 1633.*

(A la Bibliothèque de Limoges.)

89. Les Annales d'Aquitaine, par Jean Bouchet. *A Poictiers, par Abraham Maunin.* M DC XXXIIII.

In-folio, frontispice.

(*Aux Archives de la Haute-Vienne.*)

90. Historia Americæ... *Francfurti sumptibus Moth Meriani,* 1634.

In-folio, frontispice gravé sur cuivre.

(*A la Bibliothèque de Limoges.*)

91. Les familles de France, illustrées par les monuments des médailles anciennes et modernes, par Jacques de Bie, chalcographe. *Paris, Jean Camusat,* 1636.

In-folio, titre frontispice gravé sur cuivre.

(*A la Bibliothèque de Limoges.*)

92. Les rodomontades espagnolles recueillies de divers auteurs français et espagnols et enrichies de figures, traduit du Castillan. A Rouen, chez Claude le Villain, M DC XXXVII.

In-12, les figures sont très curieuses ; le livre est rare.

(*A M. le colonel Varigault.*)

93. Gallia sive francorum regis Dominiis et opibus commentarius. *Lugduni Batavarium ex officino Elzeviriano anno* CIƆ IƆC XXIX.

(*A M. Courtot, professeur au Lycée de Limoges.*)

94. Virgilii Maronis opera *Parisiis, e Typographio regio* 1641.

In-folio, frontispice dessiné par Poussin, gravé par Cl. Mellan.

(*A la Bibliothèque de Limoges.*)

95. Renati des cartes specima philosophiae seu dissertatio de methodo. *Amstelodami apud Ludovicum elzevirium,* CIƆ IƆC XLIV.

In-8°, beau livre.

(*A M. Niquel.*)

96. Conciliorum omnium generalium et provinciolum. Collectio regia... *Parisiis anno* M DC XLIIII *e typographia regio.*

In-folio, frontispice.

(*Aux Archives de la Haute-Vienne.*)

97. Vegetius de re militari... *Lugduni Batavarum ex officino Iohannis Maire,* 1645.

In-12, frontispice gravé sur cuivre.

(*A M. l'abbé Leclerc.*)

98. Les peintures chrétiennes par le P. Nicolas Jalon... *Paris Sebastien Craming,* 1647.

Nombreuses figures gravées sur cuivre.

(A M. Paul Ducourtieux.)

99. Dictionnaire historique et critique par M. Henri Bayle... A Amsterdam, par la compagnie des libraires.

In-folio, le premier volume.

(Aux Archives de la Haute-Vienne.)

100. ... Perspective pratique où se voient les beautés et raretés de cette science... par un religieux de la compagnie de Jésus. *A Paris, chez la vesve de François Langlois,* M DC XLIX.

In-4°, frontispice gravé sur cuivre.

(A M. Lucien Faucher.)

101. Opusculum regulæ ac sententiarû S. P. N. *Stephani* ordinis grandimonsis. — Studia et opera R. P. ALBERTI BARNY... Parisiis apud Ionnem Pasle... M DC L.

In-12, frontispice.

(A la Société historique et archéologique du Limousin.)

102. Les œuvres diverses de M. CYRANO DE BERGERAC. *A Paris, chez Charles de Seras...* M DC LIV.

In-4°, première édition.

(A M. Lucien Faucher, juge de paix à Limoges.)

103: Historia nostri temporis... *ab anno* 1618 usq ad. anno 1654. *Amstelodami apud Iacobum Y an Meurs.*

In-12, frontispice gravé sur cuivre.

(A M. l'abbé Leclerc.)

104. Response du sieur de GIRAC à la défense des œuvres de M. de Voiture faicte par M. Castas... Paris, Augustin Courbe, M DC LV.

In-4°, frontispice gravé sur cuivre.

(A la Bibliothèque de Limoges.)

105. L'Imitation de Jésus-Christ mise en vers français par Pierre CORNEILLE..... *Imprimé à Rouen par L. Mavrry pour Roberd Balard. à Paris* M DC LVI.

In-12, gravure sur cuivre au titre.

(A la Société historique et archéologique du Limousin.)

106. Les œuvres de M. de Voiture... *Paris*, Augustin Courbé, M DC LVI...

Un vol. in-4°, frontispice, C. Mellan, g. inv. et sculp. (La composition de Cl. Mellan est, on le verra, d'un très beau caractère.)

(*A la Bibliothèque de Limoges.*)

107. La Pucelle... par Chapelain. *Paris, Augustin Courbé*, 1656.

In-folio, portrait Ph. de Champagne, pinx.; Nanteuil, sculp.

(*A la Bibliothèque de Limoges.*)

108. Disquisitionum magicarum libri sex... auctore MARTINO DEL-RIO... *Coloniæ Agrippinæ sumptibus Petri Hennengi anno* M DC LVII.

In-4°, frontispice gravé sur cuivre.

(*Aux Archives de la Haute-Vienne.*)

109. Les œuvres de Maistre IEAN BACQUET, advocat du roy... *à Lyon, chez Hiérosme de la Garde...* M DC LVIII.

In-folio.

(*Aux Archives de la Haute-Vienne.*)

110. Les mémoires de messire de Castelnau... Paris, Pierre Lamy M DC LIX.

In-folio, portrait par Nanteuil.

(*A la Bibliothèque de Limoges.*)

111. Les œuvres de Sénèque... traduction de F. de Malherbe, Paris, Antoine de Sommaville, 1659.

In-folio, portrait de Malherbe; Briot, sculp., Follain, exc.

(*A M. Nivet-Fontaubert.*)

112. L'ambassade des Provinces-Unies vers l'Empereur de la Chine... (traduction de J. L. Carpentier), à Leyde, Jacob de Meurs, 1665.

In-folio, portrait de Colbert.

(*A la Bibliothèque de Limoges.*)

113. OVIDII NASONIS Heroidum epistolæ, etc... *Antuerpiæ ex officina Christophari Clautini* CIƆ IƆ LXVI.

In-16, frontispice bois.

(*A la Bibliothèque de Limoges.*)

114. Ambassade des Hollandais à la Chine... *à Paris, chez Sébastien Marbre-Cramoisy,* M DC LXVI.

Un vol. in-folio, planches.

(A M. Niquel, Paris.)

115. Traité de la politique de la France par P. L. à ATRECH, *chez Pierre Elzevier,* CIƆ IƆC LXX.

Un vol. in-12.

(A M. Courtot.)

116. Histoire de l'état présent de l'empire ottoman... par M. BRIOT. *Paris, Sébastien Marbre-Cramoisy...* M DC LXX.

In-4°, frontispice. Le Cler, inv.

(A la Bibliothèque de Limoges.)

117. L'Europe... par N. SAUSOU (s. d.). *Paris, chez l'auteur.*

In-4° oblong, frontispice.

118. La rhétorique d'ARISTOTE en français, *Paris, Louis Champoudry* M DC LXV.

Un vol. in-4°, frontispice.

(Chauveau.)

119. Décisions sommaires du Palais... par Abrahan LAPEIRERE... *A Bourdeaux, par G. de la Covrt...* M DC LXXV.

In-folio.

(Aux Archives de la Haute-Vienne.)

120. Romani collegii societatis Iesu musœum celeberrimum... *Amstelodami ex officina Janssonio Waesbergiano, anno* CIƆ IƆC LXXVIII.

In-folio, beau frontispice à l'eau-forte; portrait du père Kircher et grandes planches. Bel exemplaire.

(A M. Niquel.)

121. ATHANASII KIRCHERI e soc. Iesu turris Babel, sive Archontologia... *Amstelodami ex officina Janssonio Waesberganio, anno* CIƆ IƆC LXXIX.

In-folio, frontispice, planches en taille-douce, très intéressante reliure de l'époque. Bel exemplaire d'un ouvrage curieux.

(A M. Niquel.)

122. Les œuvres de Monsieur de Molière, revues, corrigées et augmentées, enrichies de figures en taille-douce. *Paris, Denys Thierry, Claude Barbin et Pierre Trabouillet,* M DC LXXXII.

In-8°, figures; édition de La Grange et Vinot.

(A M. Duverger.)

123. Les dix livres d'architecture de Vitruve... (édition de PERRAULT). *Paris, Jean-Baptiste Coignard, 1684.*

In-folio, frontispice gravé sur cuivre.

(*A la Bibliothèque de Limoges.*)

124. Histoire de France... par le sieur F. de MEZERAY. Paris, Denys Thierry 1685 (le t. I) .

In-folio, titre frontispice à l'eau-forte. C. Vignon inv. et Ægid. Rousselet sculps.

(*A la Bibliothèque de Limoges.*)

125. La Confession de Saint-Augustin, traduction nouvelle... Paris, J.-B. Coignard, M DC LXXXVIII.

In-8°.

(*A M. Niquel.*)

126. Paraphrase sur l'Epistre de Saint-Paul de Grasse... à Lyon, chez Léonard Plaignard, rue Mercière... 1689.

In-12, titre gravé sur cuivre.

(*A M. l'abbé Leclerc.*)

127. Le dictionnaire de l'Académie française... chez la Vᵉ de Jean-Baptiste Coignard, etc., M DC LXXXXIV.

In-folio. (Le tome 1ᵉʳ.)

(*Aux Archives de la Haute-Vienne.*)

128. Introduction à la fortification... par DE FER. Paris, l'auteur (1695).

In-folio, oblong, couronne. Frontispice à l'eau-forte.

129. Relation des voyages et des découvertes que les Espagnols ont faites dans les Indes occidentales, écrite par DOM B. DE LAS-CASAS... *à Amsterdam, chez J. Louis de Lorme...* M DC XC VIII.

In-8°, gravures.

(*A la Société historique et archéologique du Limousin.*)

XVIIIᵉ SIÈCLE

130..Essai philosophique sur l'entendement humain, par Locke (traduit par P. Coste). *Amsterdam, L. Schelte,* M DCC.

In-4°, portrait.

(A la Bibliothèque de Limoges.)

131. Traité de l'origine de la régale... par M. Gaspard Audoul. *Paris, Jacques Collombat,* M DCC VIII.

In-4°, portrait; L. Sigaud, pinx.; Thomassi, sculp.

(A la Bibliothèque de Limoges.)

132. Histoire générale de Venise... par Th. de Fougasse... *Paris, Abel Langelier,* M DCC VIII.

In-4°, portrait de Henri VI, Th. de Leu fecit.

(A M. Nivet-Fontaubert.)

133. Les Aventures de Télémaque, fils d'Ulysse, par messire François de Salignac de la Mothe Fénélon... *A Paris, chez Jacques Estienne,* M DCC XX.

In-8°, frontispice et figures gravés sur cuivre.

(A M. Duverger.)

134. Le sacre du roi Louis XV dans l'église de Rheims, le dimanche XXV octobre M DCC XXII.

In-plano (*chalcographie royale*). La planche présentée : « Le Festin royal », a été gravée par Dupuis.

(A la Bibliothèque de Limoges.)

135. Histoire de la guerre des Hussites... *Amsterdam, Pierre Humbert,* M DCC XXXI.

In-4°, titre.

(A la Bibliothèque de Limoges.)

136. Histoire de l'église gallicane... par le P. Jacques Longue-val, de la compagnie de Jésus, à Paris... M DCC XXXIII.

In-4°, frontispice dessiné par Natoi, gravé par L. Cars.

(Aux archives de la Haute-Vienne.)

137. Heures nouvelles ou exercices spirituels, tirées de l'Écriture sainte... dédiées à Sa Sacrée Majesté l'Impératrice régnante... *A Vienne en Autriche, chez Brissaud,* 1735.

In-8°, figures et frontispice gravés. — In-4°. Ce beau livre a fait partie de la bibliothèque de M. de Hérédia.

(A M. Charles Henri.)

138. Opuscules de M. le chevalier de Parny. *A Londres,* M DCC XXXVII.

In-18, frontispice.

(A M. Nivet-Fontaubert.)

139. Œuvres complètes de M. BERNARD, *édition de Cazin,* gravure sur cuivre (s. l. n. d.).

In-18, frontispice.

(A M. Nivet-Fontaubert.)

140. Descriptions des festes données par la ville de Paris, à l'occasion du mariage de Marie-Adelaïde-Elisabeth de France, et de dom Philippe, infant et grand-amiral d'Espagne (les 23 et 31 août 1739). *Paris, P.-G. Le Mercier,* M DCC XL.

In-folio; la planche double présentée (feu d'artifice sur la Seine) porte : Inventé par Salley, dessiné et gravé par J.-F. Blondel.

(A la Bibliothèque de Limoges.)

141. Représentation des fêtes données par la ville de Strasbourg, pour la convalescence, l'arrivée et pendant le séjour de Sa Majesté dans cette ville. Inventé, dessiné et dirigée par J.-M. Weiss, graveur de la ville de Strasbourg. *Imprimé par Laurent Aubert, à Paris.*

In-folio; la planche double représente les joutes, jeux de bagues, etc.

(A la Bibliothèque de Limoges.)

142. Regula ordinis funtis Ebraldi... *A Paris, chez Antoine Vitray...* MDCXLII.

In-12, gravure sur cuivre.

(A M. l'abbé Leclerc.)

143. Œuvres de Jean-Baptiste Rousseau... *Bruxelles,* M DCC XLIII.

In-4°, portrait Aved, pinx; Schmidt, sculp.; fleuron sur cadres, un titre, etc.

(A la Bibliothèque de Limoges.)

144. Caravane du Sultan à la Mecque. Mascarade turque donnée à Rome, par Messieurs les pensionnaires de l'Académie de France, à leurs amis au carnaval de 1748. Série de planches à l'eau-forte, gravées par Joseph Vien.

In-4°, très beau tirage ; exemplaire offert par l'auteur au peintre Rivaltz.

(A M. Nivet-Fontaubert.)

145. Theophrasti charactères ethici... (grec et latin) Glosguae Excudebat Robertus faulis M DCC XLVIII.

(A M. Nivet-Fontaubert.)

146. Fables nouvelles par M. P..., *Paris, Prault père,* M DCC XLVIII.

In-8°, frontispice Eisen, del., L. Bal, sculp.

(A la Bibliothèque de Limoges.)

147. M. T. Ciceronis de Amicitia... Parisiis. *Chez J.-B. Bauche filium,* 1750.

In-18, figure de J. Robert, del. et sculp. — Charmant exemplaire imprimé en rouge.

(A M. le colonel Varigault.)

148. L'artillerie raisonnée... par M. Leblond, Paris, chez Antoine Jumbert... M DCC LXI.

In-8°, planches.

(A M. Niquel, de Paris.)

149. La grande galerie de Versailles et les deux escaliers qui l'accompagnent... A *Paris, de l'imprimerie royale.* M DC LII, portrait du peintre Macé.

Grand in-folio plano.

(A la Bibliothèque de Limoges.)

150. La Secchia rapita... di Alessandro Tassoni *in parizi impresso* Prault. M DCC LVI.

In-4° gravures, Gravelot, inv.; Pasquier, inc.

(A la Bibliothèque de Limoges.)

151. Fête publique donnée par la ville de Paris à l'occasion du mariage du Dauphin, le 13 février M DCC XLVII.

Grand in-folio ; la planche présentée : « Une perspective de la place Louis-le-Grand » est double. A. Benoist, inv., del. et sculp.

(A la Bibliothèque de Limoges.)

152. Le Décameron de Jean Boccace... *édition de Londres* 1757.

In-4°, frontispice. Titre et cul de lampe, Gravelot, del.; gravures de divers. Bel exemplaire.

(*A la Bibliothèque de Limoges*).

153. Le grand dictionnaire historique... par M. Louis Moréri... *Paris, chez les principaux libraires,* M DCC LIX.

In-folio, frontispice, portrait. (1er vol.)

(*Aux Archives de la Haute-Vienne.*)

154. Discours qui a remporté le prix à l'académie de Dijon... (par J.-J. Rousseau). *Genève, Barillot* (s. d.).

In-8°, figures sur cuivre par Baquoy.

(*A la Bibliothèque de Limoges.*)

155. Contes moraux... par Marmontel... *Paris, L. Merlin...* M DCC LXV.

In-8°, portrait de Marmontel, dess. par Cochin, gravé par Saint-Aubin. Frontispice, Gravelot, del.; Duflos, sculp.

(*A la Bibliothèque de Limoges.*)

156. Voyage en Sibérie... par l'abbé Chappe d'Auteroche... *Paris Ch. Debure,* M DCC LXVIII.

In-4°, frontispice, Le Prince, del.; J.-B. Tilliard, sculp.

(*A la Bibliothèque de Limoges.*)

157. Les à-propos de société... par le marquis de L. (Laborde), Paris, 1770.

In-8°, frontispice et vignettes en haut de pages; Moreau J., del., gravés par divers.

(*A la Bibliothèque de Limoges.*)

158. Commentaires sur la Henriade... par M. de la Beaumelle... *Berlin et Paris,* Lejay, 1775.

In-8°, frontispice gravé sur cuivre.

(*A la Bibliothèque de Limoges.*)

159. Sacre de Louis XVI... par l'abbé Pichou, *Paris, Vente,* 1775.

In-4°. La planche présentée est « le festin royal ».

(*A la Bibliothèque de Limoges.*)

160. Encyclopédie ou dictionnaire raisonné des sciences, des arts et des métiers. *A Genève, chez Pellet...* M DCC LXXVII.

In-4°, 1er vol. Portraits de Diderot et de d'Alembert, dessinés par C. N. Cochin, gravés par L. J. Cathelin.

(*Aux Archives de la Haute-Vienne.*)

161. Conjuration des Espagnols contre Venise en 1618, par l'abbé de Saint-Réal, M DCC LXXXI.

In-12, à Paris, de l'imprimerie de Monsieur.

(A M. Nivet-Fontaubert.)

162. Collection des moralistes anciens dédiée au roi. *A Paris, chez Didot l'aîné...* M DCC LXXXII.

In-12.

(A M. Nivet-Fontaubert.)

163. Les Aventures de Télémaque, par Fénelon, ornées de figures gravées d'après des dessins de C^{les} Monnet, peintre du roy, par J.-B. Tilliard. *Paris de l'imprimerie de* Monsieur. Paris, 1745.

Très beau livre à tous les points de vue.

(A M. Maurice Laporte, sénateur de la Charente.)
(Voir aux addenda.)

164. La Henriade en dix chants, avec la dissertation sur la mort d'Henri IV par M. DE VOLTAIRE *à Londres,* M DCC LXXXIX.

In-18.

(A M. Nivet-Fontaubert.)

165. Galerie des peintres hollandais, flamands et allemands, par Lebrun, peintre. *Paris, Poignant,* 1792.

In-folio, frontispice et gravures.

(A la Bibliothèque de Limoges.)

166. Le Paradis perdu, poème de MILTON, orné de douze estampes imprimées en couleurs, d'après les tableaux de M. Schall. A *Paris, chez Deferde-Maisonneuve,* 1792.

In-4°, très beau livre à tous les points de vue.

(A M. Maurice Laporte.)

167. Voyage de M. P.-S. Pallas. Paris, Maradon, M DCC XCIII.

In-4°, gravures.

(A la Bibliothèque de Limoges.)

168. Atlas du voyage de La Pérouse. Paris, Moreau, 1797.

Grand in-folio, frontispice. Le Jeune, del.; Ch. Frière, sculp.

(A la Bibliothèque de Limoges.)

169. Connaissance des temps à l'usage des astronomes et des navigateurs... *A Paris, de l'imprimerie de la République.*

In-8°.

(A la Bibliothèque de Limoges.)

170. Œuvre complet des Piranesi.

In-folio, plano.

(*A la Bibliothèque de Limoges.*)

171. Huit exemplaires de l'Almanach des Muses, *Paris, Delalain,* présentant des frontispices différents.

(*A la Bibliothèque de Limoges.*)

172. Les métamorphoses d'Ovide, traduction nouvelle... par Malfilatre à *Paris, chez Plassan...* an vii de là République...

In-8°.

(*A M. Duverger, libraire à Limoges.*)

XIXᵉ SIÈCLE

173. L'Homme des champs... par Ch. J. Dellille... *Strasbourg, Levrault,* 1800.

In-8°, figure en cuivre par C. Guérin.

(*A la Bibliothèque de Limoges.*)

174. Musée des monuments français... par Alexandre Lenoir... 1801. Deux exemplaires, *Paris, Guilleminet.*

In-8, frontispices, Percier del.; Guyot, sculp.

(*A la Bibliothèque de Limoges.*)

175. L'Ami des Jardiniers... par Poinsot, *Paris, Levrault,* 1804.

In-8°, frontispice, Poinsot, inv.

(*A la Bibliothèque de Limoges.*)

176. Relation de la bataille de Marengo... présentée à l'empereur sur le champ de bataille par le maréchal d'empire Alex. Berthier, le 23 prairial an xiii.

Imprimerie impériale 1806. Frontispice en quatre dessins par C. Vernet, gravé par Nauquet et Niquet.

(*A M. le colonel Varigault.*)

177. La vie de Vashington (planches), *Paris, Dentu,* m dccc vii.

In-4°.

(*A la Bibliothèque de Limoges.*)

178. Œuvres de Jean RACINE... *Paris, Le Normand,* 1808.

In-8°.

(*A la Bibliothèque de Limoges.*)

179. Description de l'Égypte... *A Paris, de l'Imprimerie impériale,* M DCCC IX à M DCCC VIII.

In-folio jésus, grand aigle. Frontispice, Cécile, del; Revell, aq. fort; Girardet et Sellier, sculp.

Les planches suivantes du même ouvrage sont également présentées : armes des Mamelucks, Cécile et Dutertre, del., Lemercier, sculp., Oursin, Rocquet jeune. Vues de la place Ezbekbych, Dutertre, del. ; Berthault, sculpt. Vue de l'Esplanade, du port : Dutertre, del. ; Parès, sculp. — Carte topographique de l'Égypte titre gravé.

(*A la Bibliothèque de Limoges.*)

180. Don Quichotte de la Manche... *Paris, Briand,* 1810.

In-12, gravures coloriées.

(*A M. le colonel Varigault.*)

181. Anecdote trouvée dans le portefeuille d'Innocent Poulot. *Paris,* 1812.

In-4°, aquarelles originales pour l'illustration.

(*A la Bibliothèque de Limoges.*)

182. Œuvres du comte de HAMILTON. *Paris, Renouard,* M DCCC XII.

In-8° (2 vol.), portrait et gravure, Moreau le jeune, del.; E. de Guendt, sculp.

(*A la Bibliothèque de Limoges.*)

183. Précis de la Révolution française... par J.-P. RABAUT, *Paris, Didot,* 1813.

In-12, frontispice.

184. Thuilleur des trente-trois degrés de l'Écossisme... *Paris, Delaunay,* 1815.

In-4°.

(*A la Bibliothèque de Limoges.*)

185. Diverses planches du Musée royal. *Paris, imprimerie de Didot, aîné,* M DCCC XXI.

In-folio plano.

(*Exemplaire de la Bibliothèque de Limoges.*)

186. Fables, par ÉTIENNE GOSSEA. *Paris, Chaumerot jeune,* 1818.

In-12, gravure.

(*A la Bibliothèque de Limoges.*)

187. Catalogue général des meilleures planches en couleurs...
(vente Caumont), 1820.

In-8°.

(A M. Paul Lachenaud.)

188. Œuvres de Rabelais. *Paris, Th. Desœr.....* m dccc xx.

In-12, frontispice par Desenne.

(A la Bibliothèque de Limoges.)

189. Huit compositions de Prudhon, dont trois pour la belle
édition de *Paul et Virginie* de Didot; un en-tête administratif, un
frontispice pour Racine, etc., gravures de B. Roger et Leroux.

Avant la lettre, très belles épreuves.

(A M. Fray-Fournier.)

190. Voyage pittoresque de la Grèce... *Paris,* m dcc lxxxii.
m dccc ix et m dccc xxii, portrait Bailly jeune. M. F. Diès, sculp.

In-folio, planches (3 vol.).

(A la Bibliothèque de Limoges.)

191. Molière, œuvres complètes... *Paris, Mame et Delaunay...*
m dccc xxv.

In-8° frontispice, Desenne, del.; L. Luc., sculp.

(A la Bibliothèque de Limoges.)

192. Procès à la reine d'Angleterre... par C... *Paris, Tiger* (s. d.,
vers 1825).

In-12, portrait.

(A M. Lachenaud.)

193. Collection de dix-neuf compositions de Desennes pour l'illustration de plusieurs ouvrages.

Épreuves avant la lettre.

(A M. Charles Henry.)

194. Esquisses, croquis, pochades... sur le salon de 1827, par
A. Jal. *Paris, V. Dupont,* 1828. Avec des dessins lithographiés.

In-8°, frontispice lith. colorié; Henri Monnier, lith.

(A M. Émile Lachenaud.)

195. Assassinat... du duc de Berry... *A Paris, chez Tiger* (s. d.)

In-12, gravure.

(A M. Émile Lachenaud).

196. Elégies suivies de poésies diverses... par Mme Dufrenoy...
Paris, A. Eymery m dccc xxxi.

In-8°, frontispices, Bergeret, del.; Aze, aqua-forte.

(A M. Émile Lachenaud.)

197. Le Suicide, par SERVAS DE JUGNY... *Paris, Vve Charles Bochet, Werdat, Lecomte, et Pauzen* M DCCC XXXII.

In-8°, au titre, gravure sur bois, d'après L. Monnier.

(*A M. Fray-Fournier.*)

198. Les cent Robert-Macaire. *A Paris,* au bureau du *Journal pour rire.*

In-8°, frontispice de CÉLESTIN NANTEUIL (1833).

(*A M. Émile Lachenaud.*)

199. Série de quatre frontispices à l'eau-forte, romans de l'époque romantique, par Émile Loubon, Alfred Albert (1833) J.-F. Boisselot (1834).

In-8°.

(*A M. Lachenaud.*)

200. Trois frontispices pour le *Monde dramatique,* deux signés de Célestin Nanteuil.

Tirage en couleur.

(*A M. Émile Lachenaud.*)

201. Voyages pittoresques et romantiques dans l'ancienne France, par J. TAYLOR, etc... *Paris, Firmin-Didot,* M DCCC XXXIV et suivants.

In-folio. Lithographies présentées : frontispice du 1er volume du Languedoc, Fragonard, del.; deux pages encadrées du 2e volume du Languedoc, Viollet-le-Duc, del.; deux pages encadrées du 2e volume du Languedoc, Célestin Nanteuil, del.; frontispice du Dauphiné, Viollet-le-Duc, del.

(*A la Bibliothèque de Limoges.*)

202. Un roman pour les cuisinières, par EMILE CABANON, *Paris, Eugène Renduel,* 1834.

In-8°, gravure sur bois d'après Camille Rogier.

(*A M. Fray-Fournier.*)

203. Collection de cent trente-huit planches gravées et coloriées tirées des journaux de modes, depuis l'année 1800 jusqu'en 1835. (*Costumes parisiens, modes françaises, modes parisiennes, modes de Paris et Revue de modes anglaises.*)

Dans cette si curieuse et si intéressante collection, on remarquera des pièces signées des monogrammes de Vernet pour le dessin et de Debucour pour la gravure.

(*A M. Émile Lachenaud.*)

204. Deux vignettes gravées sur acier, l'une dessinée par Deveria.

(*A M. Fray-Fournier.*)

205. L'*Artiste*...., t. IX, titre et vignette bois; t. XII, frontispice; t. XIV, frontispice; pages ornées de vignettes bois.

In-4°.
(*A M. Charles Henry.*)

206. Cinq premières pages du *Charivari*, tirages typographiques spéciaux.
(*A M. Émile Lachenaud.*)

207. Trois eaux-fortes de CÉLESTIN NANTEUIL, tirées de l'*Artiste:* frontispice; *Les Vendanges;* Charles VI.

In-8°.
(*A M. Émile Lachenaud.*)

208. Deux lithographies, d'après GAVARNI. Illustrations pour Balzac; Consultations; la Peau de chagrin.

In-8°.
(*A M. Émile Lachenaud.*)

209. Collection de quatorze lithographies coloriées pour l'illustration de diverses revues.

In-8°.
(*A M. Émile Lachenaud.*)

210. Trois morceaux de musique, grand format, vignettes au titre, un bois et deux lithographies.
Douze lithographies, en-têtes ou frontispices de romances, petit format (plusieurs tirées du *Journal des Demoiselles*).
(*A M. Émile Lachenaud.*)

211. Six morceaux de musique grand format. Sujets ou paysages lithographiés.
(*A M. Laguenie, éditeur de musique à Limoges.*)

212. Neuf compositions de TONY JOHANNOT, RAFFET, etc., gravées sur acier ou sur cuivre, destinées à divers ouvrages.

Avant la lettre.
(*A M. Charles Henry.*)

213. Trois frontispices de l'*Artiste* tirés à part. (Deux frontispices à l'eau-forte dont l'un signé C. E. CLERGET, inv.; un frontispice lithographié, signé DURAND.)

In-4°.
(*A M. Charles Henry.*)

214. Trois frontispices de l'*Artiste*, deux lithographiés, l'autre gravé à l'aquatinte.
(*A M. Émile Lachenaud.*)

215. Collection de planches tirées de *l'Artiste*, gravures et lithographies.

(*A M. Émile Lachenaud.*)

216. Collection de seize compositions gravées sur bois, sur acier ou lithographiées, la plupart avant la lettre, dues à divers artistes et destinées à illustrer des livres de petit format (collées sur trois cartons).

(*A M. Charles Henry.*)

217. Cécile, par Eugène Sue. Paris, *Cassel et Guyot*, 1834.
In-8°, frontispice.

(*A M. Lucien Faucher.*)

218.

219.

220. La Veilleuse, roman, par Élie Raymond (Élie Berthet), avec une vignette à l'eau-forte par Édouard May. *Paris, Auguste Labat,* 1835.
In-8°·

(*A M. Paul Ducourtieux.*)

221. Histoire de Gil Blas de Santillanne par Le Sage, vignettes par Gigoux. *Paris, chez Paulin,* 1835.

(*A M. Fray-Fournier.*)

222. L'ingénieux hidalgo Don Quichotte de la Manche, par Miguel Servantès Saavedra... Vignettes de Tony Johannot. *Paris, Dubochet,* M DCCC XXXII.
Petit volume in-4°, gravures, vignettes, frontispice.

(*A M. Émile Lachenaud.*)

223. Monuments français inédits, par N.-X. Villermin, *Paris* Mlle *Villermin,* M DCCC XXXIX.
In-4°, frontispices coloriés, Thurmeau, del.; Willermin, sculp.

(*A la Bibliothèque de Limoges.*)

224. Roland furieux, nouvelle traduction, par A. Mazuy. Paris F. Knab... M DCCC XXXIX.

(*A M. Émile Lachenaud.*)

225. Série de vingt titres de romans de l'époque romantique, ornés de vignettes sur bois; plusieurs portent les dates de 1831, 32, 33 et 39; dessins de TONY JOHANNOT, TELLIER, GIGOUX, H. MONNIER, JULES DAVID, CHATILLON (attribué à) A. CHENAVARD.

In-8°.

(*A M. Émile Lachenaud.*)

226. Collections de lithographies du *Charivari*.

15 pièces.

(*A M. Émile Lachenaud.*)

227. Les monuments de l'Égypte et de la Nubie... sous la direction de CHAMPOLLION le jeune. *Paris, Firmin-Didot,* MDCCCXL.

In-folio plano, frontispice chromolithographié par Engelman.

(*A la Bibliothèque de Limoges.*)

228. La Armeria real de Madrid..., par Achille JUBINAL, *Paris* (s. d.), vers 1840.

In-folio, frontispice lithographié, Sansonetti, inv.

(*A la Bibliothèque de Limoges.*)

229. Scènes de la vie privée et publique des animaux, vignettes de GRANVILLE... *Paris, Hetzel,* 1842 (1re édition).

Un volume in-4°.

(*A M. Charles Henry.*)

230. Série de dix annonces de librairie tirées du *Charivari* (1842-1843), reproduisant plusieurs vignettes de chaque ouvrage annoncé.

In-4°.

(*A M. Émile Lachenaud.*)

231. Œuvres de Molière... vignettes par Tony Johannot. *Paris, J. J. Dubochet* 1844.

In-4°, vignettes.

(*A M. Paul Ducourtieux.*)

232. Charges de DANTAN.

6 pièces.

(*A M. Émile Lachenaud.*)

233. Huit annonces de librairie, illustrées, publiées par la presse périodique.

(*A M. Émile Lachenaud.*)

234. Gavarni, œuvres nouvelles. *Paris, Michel Levy* (s. d.) ; *Les Lorettes vieillies* (3 livraisons) ; *Les Anglais chez eux* (1 livraison) ; *Les parents terribles* (1 livraison).

(A M. Charles Henry.)

235. Restitution du temple d'Empédocle à Selinonte..., par J.-J. Littorf. *Paris, Firmin-Didot*, MDCCCXLV.

In-folio, frontispice de l'atlas.

(A la Bibliothèque de Limoges.)

236. Peintures de l'église Saint-Savin..., par P. Mérimée... *Paris, imprimerie royale*, MDCCCXLV.

In-folio, frontispice, E. Viollet-le-Duc, del.

(Lith. Engelman.)

237. Les classiques de la table... portraits, vignettes, lithographies... *Paris, Dentu*, 1845.

In-8°, gravure sur acier, Diaz, pinx. Frontispice du tome 2.

(A M. Émile Lachenaud.)

238. Livres d'heures, d'après les manuscrits de la bibliothèque royale ; *Paris, Engelman et Graf* 1846. Chromolithographies reproduisant des miniatures, entourages de pages, etc.

Ce volume n'a été tiré qu'à trois exemplaires.

(A M. Alfred Leroux, archiviste de la Haute-Vienne.)

239. Œuvres choisies de Gavarni... Le carnaval. *A Paris... Hetzel*, 1854.

In-8°.

(A M. Émile Lachenaud.)

240. Les fleurs animées par J.-J. Granville... *Paris, Gabriel de Gonet* (s. d.).

In-4° (2 vol.), planches sur bois coloriées.

(A M. Émile Lachenaud.)

241. Série de six lithographies d'Eustache Lorsai. — Types du juif errant. Annonces pour la presse quotidienne.

In-4°.

(A M. Émile Lachenaud.)

242. Les Étoiles... par Granville. *Paris, G. de Gonet...* (s. d.).

En volume, en 4 planches coloriées.

(A M. Émile Lachenaud.)

243. Picciola, par J.-B. SAINTINE. *Paris* 1845, vignettes par Célestin Nanteuil, etc.

(*A M. Émile Lachenaud.*)

244. Perles et parures, fantaisie par GAVARNI... *Paris, Gabriel de Gonet* (s. d.).

In-4°, gravures sur acier.

(*A M. Émile Lachenaud.*)

245. L'empire des légumes... par Amédée VARIN. *Paris, Gabriel de Gonet.*

In-4° (s. d.), gravures coloriées.

(*A M. Émile Lachenaud.*)

246. Les Papillons, par Amédée VARIN... *Paris, Gabriel de Gonet* (s. d.).

In-4° (2 vol.), gravures coloriées.

(*A M. Émile Lachenaud.*)

247. Chants et chansons populaires de la France; 1re édition avec la musique.

In-8°, gravures sur acier.

247 *bis.* Chants et chansons populaires de la France; édition sans la musique.

Gravures sur acier.

(*A M. Émile Lachenaud.*)

248. Le moyen âge et la renaissance... direction littéraire de Paul LACROIX ; direction artistique de Ferdinand SERRÉ. *Paris,* 1858 (tome I).

In-4°, frontispice chromolithographié ; Saint-Germain, pinx.

(*A la Bibliothèque de Limoges.*)

249. Paris qui s'en va et Paris qui vient, publication artistique dessinée et gravée par Léopold FLAMENG. *Paris, Alfred Cadart,* 1860.

In-4°, eaux-fortes.

(*A la Bibliothèque de Limoges.*)

§ 2. RELIURE

XVe, XVIe, XVIIe, XVIIIe ET XIXe SIÈCLES

250. Deux reliures en bois recouvert de velours vert et violet, tanné; chaque plat porte cinq bossages godronnés, ciselés et dorés.

Fin du xve siècle (bibliothèque d'Antoine de Bourbon).

(A la Bibliothèque de Limoges.)

251. Trois reliures veau, filets à froid, ornement central sur les plats dorés.

Formats in-folio, in-4° et in-8°, xvie siècle.

(A la Bibliothèque de Limoges.)

252. Huit reliures veau, fers à froid ; différents types d'ornementation.

Formats in-folio, in-4°, in-8°, xvie siècle.

(A la Bibliothèque de Limoges.)

253. Reliure veau, filets et bordures d'une belle ornementation à froid, filets d'angles dorés.

In-8°, xvie siècle.

(Gliasoloni du monsignor P. BEMBO *in Venetia*, M D XL.)

In-8°.

(A M. le colonel Varigault.)

254. Reliure veau, filet à froid aux angles, ornements très peu importants dorés. Au centre des plats, une médaille antique d'empereur frappée en relief et dorée en plein.

In-folio, xvie siècle, très beau et très rare spécimen.

(A la Bibliothèque de Limoges.)

255. Reliure veau ; au centre du plat, petit médaillon, jeune femme et guerrier, doré.

In-folio, xvie siècle.

(A la Bibliothèque de Limoges.)

256. Reliure polychrome, veau, fond noir, entrelacs doubles alternativement blanc et rouge, contrefiletés or; au centre, motif doré; dans les intervalles des entrelacs, feuilles aldines greffées sur des rinceaux dorés.

Grand in-folio, tranche ciselée, xvi⁰ siècle.

(Très belle reliure du type des livres de Grolier mais la coloration en mauvais état. Grande bible, Paris, *Robert Etienne*, 1511.)

In-folio.

(*A la Bibliothèque de Limoges.*)

257. Reliure veau; au centre des plats, motif affectant la forme générale d'un losange : bords découpés, réserves pour le titre, fond azuré, ornements dans le goût des azziministes réservés, angles dans le même principe ornemental; semis d'abeilles sur le fond, ornementation de feuilles aldines azurées greffées sur des rinceaux.

In-4°, xvi⁰ siècle. Cette reliure, un peu lourde, est entièrement exécutée à la main; elle reproduit le type des reliures italiennes de Thomas Maïoli; on remarque sur ce volume la mention de plusieurs bibliophiles limousins qui l'ont possédé.

(*A la Bibliothèque de Limoges.*)

258. Reliure veau; filets à froid avec angles, ornements dorés; au centre des plats un dauphin couronné. (Bibl. de François II.)

In-4°, xvi⁰ siècle.

(*A la Bibliothèque de Limoges.*)

259. Reliure veau; filet à froid, filets dorés; aux angles, un monogramme doré; au centre du plat antérieur, un médaillon circulaire I. B. Renon, sʳ de Villaine, cons. dv Roy, entourant un caisson; au centre du plat postérieur, monogramme et devise, etc., dorés.

In-4°, xvi⁰ siècle, beau spécimen.

(*A la Bibliothèque de Limoges.*)

260. Reliure parchemin; filets à froid et dorés; aux angles, ornements dorés; au centre des plats, un dauphin couronné. (Bibliothèque de François II avant son avènement.)

In-8°, xvi⁰ siècle.

(*A la Bibliothèque de Limoges.*)

261. Reliure parchemin; motif central de forme générale losangée, imprimé à froid en relief, à la plaque, filets à froid.

In-folio, xvi⁰ siècle; beau spécimen.

(*A la Bibliothèque de Limoges.*)

262. Deux reliures parchemin ; motif central de forme générale losangée, imprimé à froid et à la plaque en creux, filets en creux.

In-4°, xvıᵉ siècle.

(*A la Bibliothèque de Limoges.*)

263. Deux reliures parchemin non cartonné ; motif de centre, angles, etc.; semis de fleurs de lys ou de petits fleurons, riches rinceaux, genre italien.

In-folio et in-8°, xvıᵉ siècle, très beaux spécimens.

(*A la Bibliothèque de Limoges.*)

264. Deux reliures parchemin ; sur les plats un médaillon central portant un écusson non armorié, imprimé à la plaque et doré.

In-folio, xvıᵉ siècle.

(*A la Bibliothèque de Limoges.*)

265. Reliure parchemin ; sur les plats, médaillon ovale *ex bibliotheca fuliensium sancti Bernardi*, parisiensis entourant un écusson ; branches de palme et de laurier.

In-folio, xvıᵉ siècle.

(*A la Bibliothèque de Limoges.*)

266. Treize reliures veau ; filets et ornements d'angles, médaillon imprimé à la plaque sur les plats dorés, etc.; différents types d'ornementation.

Formats in-folio, in-4° et in-8°, xvıᵉ siècle.

(*A la Bibliothèque de Limoges.*)

267. Trois reliures présentées pour la tranche ciselée.

xvıᵉ siècle.

(*A la Bibliothèque de Limoges.*)

268. Trois reliures veau, richement ornées à la roulette et au petit fer, dans le goût de Simón Badier, de fleurons étoilés exécutés en grande partie au pointillé, le tout doré ; au centre des plats des deux volumes in-folio, armes à la plaque.

Formats in-folio et in-8°, xvııᵉ siècle.

(*A la Bibliothèque de Limoges.*)

269. Reliure veau ; filet bordures, angles etc. ; sur les plats, armes et devises dorées, daté de 1645.

In-12.

(*A la Bibliothèque de Limoges.*)

270. Reliure veau, filets bordure, etc.; au centre des plats armes de France et de Navarre, semis de L. couronnés, le tout doré. (Bibliothèque de Louis XIII.)

In-4°, xvııᵉ siècle.

(*A la Bibliothèque de Limoges.*)

271. Reliure veau; filets; au centre des plats, les armes de France entourées d'une guirlande circulaire de feuillage (type de reliure de l'imprimerie royale).

In-folio, xviie siècle.

(*A la Bibliothèque de Limoges.*)

272. Reliure maroquin rouge; sur les plats, filets, armes.

In-4°, xviie siècle.

(*A la Bibliothèque de Limoges.*)

273. Reliure maroquin rouge; sur les plats, au centre, dans un filet circulaire, les armes complètes de François de Harlay Chamvallon, archevêque de Paris, mort en 1695; premier triple filet à chaque angle d'un motif au petit fer, deuxième contre-filet triple près des bords.

(*A M. le colonel Varigault.*)

274. Reliure maroquin rouge; au centre et entre deux bordures au petit fer, les attributs de la Passion, le tout doré.

In-4°, xviie siècle, très curieux spécimen.

(Sylvæ sacræ..... 1694.)

(*A M. le colonel Varigault.*)

275. Reliure maroquin du Levant, double filet triple, motifs d'angles dorés. (Histoire du Vieux et du Nouveau Testament. *Amsterdam, Pierre Mortier*, 1700.)

Un vol. in-folio.

(*A M. Maurice Laporte.*)

276. Huit reliures veau, une reliure parchemin, types divers, xviie et xviiie siècles.

Dans ce petit groupe on remarque certains spécimens de valeur.

(*A la Bibliothèque de Limoges.*)

277. Trois reliures, filets; bordures, motifs d'angle au petit fer; sur les plats, semis régulier de fleurs de lys; au centre, armes ou médaillon

In-folio et in-4°, xviie et xviiie siècles.

(*A la Bibliothèque de Limoges.*)

278. Trois reliures maroquin rouge.

xviie et xviiie siècles.

(*A la Bibliothèque de Limoges.*)

279. Une reliure veau ; filets, bordures au petit fer ; au centre des plats, les armes du Collège de Plessis-Bourbon ; semis de fleurs de lys, le tout doré.

In-4°, xviii° siècle ; livre de distribution de prix, beau spécimen.

(A la Bibliothèque de Limoges.)

280. Reliure veau ; filets, motifs d'angle ; au centre les emblèmes de la Compagnie de Jésus, dorés.

In-8°, xviii° siècle.

(A la Bibliothèque de Limoges.)

281. Reliure veau ; sur les plats, une plaque ornementale au centre de laquelle se trouve un personnage en costume de l'époque, le tout doré.

(A M. Niquel.)

282. Deux reliures maroquin rouge, plats et motifs d'angle dorés.

In-folio, xviii° siècle.

(A la Bibliothèque de Limoges.)

283. Reliure en veau, ton fauve très chaud. Au centre, des armes dans un médaillon ovale, ornementation riche, au petit fer.

Entièrement exécutée à la main.

(Dionysii Petuvii... opera poetica... *Paris, Cramoisy,* m dc xlii.)
In-8°.

(A M. le colonel Varigault.)

284. Reliure maroquin du Levant, riche bordure au petit fer, armes de France et de Lorraine dans deux écussons séparés (exemplaire ayant appartenu à la reine Marie Leczinska), office de la semaine sainte... dédié à la reine pour l'usage de sa maison. *Paris-* m dcc xviii.

In-8°.

(A M. Duverger.)

285. Reliure en maroquin du Levant, grain écrasé ; sur les plats, trois filets, armes de France et de Lorraine dans deux écussons surmontés de la couronne royale (exemplaire ayant appartenu à la reine Marie Leczinska).

(Les *fables* de Lafontaine. *Paris,* m dcc lxix.)

(A M. Duverger.)

286. Reliure maroquin du Levant, rouge ; filets, armes sur les plats.

(Hist. de Gérard de Nevers... par Tressant. *Paris, Didot jeune,* 1792.)

(A M. Courtot.)

287. Reliure maroquin rouge ; sur les plats, les armes de la maison d'Orléans accompagnées d'ornements ; bordure, filet, grenetis dorés.

(Semaine de la Maison d'Orléans... *Paris,* Vve *Ch. Maur* d'Haury, M DCC LVI.)

In-8°.

          (*A M. le colonel Varigault.*)

288. Reliure maroquin rouge ; sur les plats, les armes royales ; bordure et filet dorés.

(L'office de la semaine sainte à l'usage de la maison du Roy... *Paris, Jacques Collombat,* M DCC XLI.)

In-8°.

          (*A M. le colonel Varigault.*)

289. Reliure du XVIIIe siècle, parchemin sur les bords, filet en forme de ruban ; au centre des plats, figure de Minerve debout armée et casquée, le tout doré.

(Le Renard... *Bruxelles,* 1739.)

In-8°.

          (*A M. le colonel Varigault.*)

290. Reliure maroquin Levant du Cap, grain écrasé ; sur les plats, armes de madame Victoire de France (style ferronnerie), filets triples près des bords, fleur de lys à chaque coin. A l'intérieur : *ex libris* de Victoire de France ; gardes, semis de fleurettes dorées.

(Le Bourru bienfaisant... de M. GOLDONI, dédié à madame Marie Adelaïde de France. *Paris,* V^re *Duchesne,* M DCC LXXI.)

In-8°, superbe spécimen.

          (*A M. le colonel Varigault.*)

291. Reliure veau, largement tigrée à l'acide ; au centre, une colombe rayonnante entourée du collier de l'ordre du Saint-Esprit ; aux angles un H, couronné. In-folio, XVIIIe siècle, le tout doré. La reliure est celle spécialement établie pour l'édition. (Catalogue des chevaliers du Saint-Esprit. Paris, M DCC LX.)

In-8°.

          (*A la Bibliothèque de Limoges.*)

292. Reliure maroquin rouge, bordure à la roulette ; au centre du plat, les armes de la ville de Paris.

In-plano, XVIIIe siècle.

          (*A la Bibliothèque de Limoges.*)

293. Reliure en maroquin rouge ; bordures, filets, armes royales accompagnées de motifs de ferronnerie.

In-plano, XVIIIe siècle, très beau spécimen.

          (*A la Bibliothèque de Limoges.*)

294. Reliure maroquin rouge ; au centre des plats, une pièce verte rapportée ovale (sur l'une, un berger céladon ; sur l'autre, une bergère), ornements divers, guirlandes, lyres ; aux coins, soleils, étoiles, le génie de la liberté, bonnets républicains, faisceaux de licteurs surmontés du bonnet.

(Eucologe ou livre d'église à l'usage de Paris... *Paris, Gastelier...* M DCC LXXXIX.)

In-8°, très curieux spécimen, entièrement exécuté au fer chaud à la main.

(*A M. le colonel Varigault.*)

295. Trois spécimens de gardes en couleur sans dorure, polychromes, fleurs relevées d'or, riche semis de fleurs dorées.

xviiiᵉ siècle.

(*A la Bibliothèque de Limoges*)

296. Reliure maroquin rouge, grain anglais ; au centre du plat antérieur, figure allégorique assise tenant des couronnes d'une main, de l'autre, s'appuyant sur un gouvernail ; terre à droite, un coq ; au-dessous, un bonnet phrygien : liberté, égalité, entre deux faisceaux ; filet pointillé, filet en cordelière, puis filet simple. Le plat postérieur ne porte pas de motif central ; à l'intérieur, garde en soie bleue.

(La constitution de la République française *Dijon... Causse,* 1793).

In-8°.

(*A M. le colonel Varigault.*)

297. Reliure maroquin rouge ; au centre, médaillon ovale entouré de quelques ornements. On y lit sur une pièce verte rapportée : « A l'amour il faut céder un jour » ; près des bords, filet accompagné de quelques ornements.

(Le petit Théâtre de l'univers, étrennes, etc... M DCC LXXXII, *Paris,* *Langlois.*)

Petit in-12.

(*A M. le colonel Varigault.*)

298. Reliure maroquin rouge ; sur les plats, plaque rapportée, circulaire, couleur verte, l'autel de l'amour et fleurs entourées de divers ornements, branches, nœuds de ruban, etc., dorés ; filets et bordures dorés ; entièrement exécutée au fer.

(Les Provinciales... à *Cologne, chez Nicolas Schoute,* CIↃ IↃC LXIX.)

In-8°.

(*A M. le colonel Varigault.*)

299. Reliure veau, vert empire ; sur les plats, armes du comte d'Artois, à chaud et dorées, bande ornementale à froid près des bords, filet en corde doré.

(Histoire du vicomte de Turenne, par l'abbé RAGUENET... *Lyon, Vve Buynaud,* 1816.)

In-8°.

(A M. le colonel Varigault.)

300. Cartonnage de style empire, dans un étui, impression en noir, sur fond ivoire.

(Almanach dédié aux dames pour l'an 1811. *Paris, Lefuel.*)

In-12.

(A M. le colonel Varigault.)

301. Cartonnage dans un étui vert clair, grenetis, filets bordure dorés.

(Rossini français. *Paris, Louis Jeannet,* s. d.).

In-8°.

(A M. le colonel Varigault.)

302. Reliure en maroquin vert; au centre pièce ovale rapportée rouge, divers ornements et attributs de l'amour, dorés.

(Étrennes intéressantes des quatre parties du monde, 1808.)

Petit in-8°.

(A M. le colonel Varigault.)

303. Reliure maroquin du Levant vert, grain écrasé; filets, contre-filets, motifs d'angle, poussés à chaud.

(Lettres de milady Catesby, suivies d'Ernestine, par Mme SIC-COBONI. *Paris, Werdet et Lequien,* M DCCC XXVI.

Petit in-8°, jolie édition romantique, dessins de Desenne, les deux gravures en deux états.

(A M. le colonel Varigault.)

304. Reliure veau nuance brun isabelle; sur les plats, motif central, rosace accompagnée de quatre ornements en crosse, filets en relief et en creux à froid un autre filet en noir; aux angles, très petites rosaces dorées.

(Lettres de Fanny Buttler, par Mme SICCOBONI. *Paris, Werdet et Lequien,* M DCCC XXVI.)

In-8°.

(A M. le colonel Varigault.)

305. Reliure veau bleu verdâtre; sur les plats, le médaillon de Voltaire, signé Hérou F., entouré de quelques attributs; double filet près des bords.

(La Henriade. *Paris, F. de Bure,* M DCCC XXII.)

Petit in-8°, curieux spécimen.

306. Reliure maroquin du Levant, vert, grain anglais; sur les plats, au centre, motif en forme de fleuron doré, filets, bandes alternativement à froid et dorées.

(Le Mérite des femmes. *Paris, Louis Janet* (s. d.), vers 1825.)

(*A M. le colonel Varigault.*)

307. Reliure veau bleu foncé; les plats entièrement couverts d'une ornementation à froid, à la plaque, un médaillon réservé au centre pour recevoir un titre ou un *ex libris*, filets, bordure dorée.

(Romans, contes et opuscules de BERNARDIN DE SAINT-PIERRE..... *Paris*, 1834.)

In-8°.

(*A M. le colonel Varigault.*)

308. Reliure veau, fauve clair; sur les plats, ornements gothiques à la plaque, genre des reliures dites à la cathédrale.

(Veillées poétiques et morales, par BAOUR-LORMIAN..... *Paris, Louis Jeannet* (s. d.) six gravures sans nom d'artiste.)

In-8°.

(*A M. le colonel Varigault.*)

309. Reliure veau, nuance vert olive; sur les plats, motif central et bordure ornementale à froid; aux angles, très petites rosaces dorées.

(Fables de FLORIAN.-*A Paris, chez Castel de Courval*, M DCCC XXIV.)

In-8°.

(*A M. le colonel Varigault.*)

310. Trois reliures veau, nuances verte et violette, les plats couverts d'ornements à la plaque avec réserve centrale.

(Libre de distributions de prix; *édition de Pornin, à Tours.*)

In-8°.

(*A M. le colonel Varigault.*)

311. Reliure chagrin; sur les plats, motif central en losange avec réserve pour le titre et filet à froid; filet près du bord doré.

(Les ressources de Quinola... par H. DE BALZAC. *Paris, Hyppolite Souverain,* 1842.)

In-8°.

(*A M. le colonel Varigault.*)

312. Reliure veau, teinte isabelle foncée; motifs de centre et d'angles à froid, bordure et filets or.

In-4°, époque romantique, *L'Artiste*, t. VI et VII.

(*A M. Émile Lachenaud.*)

313. Reliure veau, teinte isabelle ; au centre, motif ornemental ;
bordure à froid, filet doré.

(Angeline... Paris, Jeannet (s. d.).

In-8°, époque romantique.

(A M. Émile Lachenaud.)

314. Reliure maroquin du Levant rouge, grain anglais ; sur les
plats, ornement central en losange, coins et filets en corde, poussés
à chaud et dorés ; bande à froid puis bande dorée poussée à chaud ;
intérieur garde soie bleue.

(Picciola, par J. B. SAINTINE, *Paris, Dupont,* 1836.)

In-8°.

(A. M. le colonel Varigault.)

315. Reliure veau fauve pâle, ornementation, filets coupés
d'étoiles cantonnées de points, le tout doré.

(Lettres de Diane de Poitiers).

(A la Bibliothèque de Limoges.)

316. Reliure isabelle, les plats entièrement recouverts d'ornements frappés à la plaque, sauf un médaillon pour recevoir un titre
ou un *ex libris;* filet or.

(Paul et Virginie, suivi de la Chaumière indienne... *Paris, Louis
Jeannet,* figures de Desenne.)

In-8°.

(A M. le colonel Varigault.)

317. Reliure veau, nuance noire verdâtre ; sur les plats : motif
central en losange, bordure ornée à froid, filet doré.

(Zayde, histoire espagnole, par Mme DE LAFAYETTE. *Paris, Werdet,*
M DCCC XXVI.)

Petit in-8°, deux gravures.

(A M. le colonel Varigault.)

318. Reliure veau isabelle ; filets et motifs d'angles poussés à
chaud.

(Poésies de Malherbe... *Paris, L. de Bure,* M DCCC XXIII.)

In-8°.

(A M. le colonel Varigault.)

319. Reliure veau, nuance vert olive ; sur les plats : motif central
en losange ; bordure ornementale à froid, filet doré.

(Histoire de Gil Blas... par LE SAGE, *Paris, L. de Bure,* M DCCC XXV.)

In-8°.

(A M. le colonel Varigault.)

320. Reliure veau teinté en bleu; motif central en losange, frappé à froid; filets, contrefilets, ornements aux angles dorés.

(Le vicaire de Wakefield... traduction de Charles NODIER... *Paris, Bourgueleret, 1838.*)

In-8°, nombreux bois dans le texte et gravures sur acier par divers artistes. Édition intéressante.

(*A M. le colonel Varigault.*)

321. Reliure veau, nuance brun isabelle; motif central de forme générale ovale, bordure ornée à froid; filets, contrefilets, motifs d'angle dorés.

(Le Mérite des femmes et autres poésies, par LEGOUVÉ... *Paris, Louis Jannet, s. d.*)

In-8°.

(*A M. le colonel Varigault.*)

322. Reliure veau; sur les plats, grand motif d'architecture gothique entouré de filets; filets dorés près des bords. Genre dit à la cathédrale.

(Œuvres complètes de MILLEVOYE... *Paris, Ladrange, 1837.*)

(*A M. le colonel Varigault.*)

§ 3. MARQUES D'IMPRIMEURS

323. Quatre-vingts marques d'imprimeurs des villes de Paris, Lyon, Poitiers, Bordeaux, Douai, Rouen, Avignon, Embrun, Périgueux, Limoges, etc., Genève, Cologne, Francfort, Bâle, Zurich, Amsterdam, Rome, Salamanque, Venise, Anvers, etc.

Dans les autres sections, on trouvera un certain nombre d'autres marques typographiques.

AUTOGRAPHES — ÉDITIONS RARES

324. Choix de livres, reliures, etc., provenant de la collection de l'abbaye du Chalard, formée par M. Tenant de Latour, Antoine de Latour et Albert de Latour.

Cette très intéressante série nous est arrivée trop tard pour que nous ayons pu la cataloguer numéro par numéro; nous réparerons cette lacune dans l'édition définitive.

§ 4. LE LIVRE LIMOUSIN

XVIe, XVIIe, XVIIIe ET XIXe SIÈCLES

Nous avons compris dans cette section quelques livres à l'usage de Limoges, et des livres imprimés par les limousins résidant dans d'autres villes que Limoges (Blachart à Lyon, et Millanges à Bordeaux, etc.)

325. Heures à l'usage de Limoges. Ces présentes heures, à l'usage de Limoges, tout au long, sans rien requérir, ont été nouvellement *imprimées à Paris par Gillet Hardouyn, imprimeur, demeurant sur le Pont-au-Change, à l'enseigne de la Rose* (paraît avoir été imprimé vers 1510.)

In-8°, caractères gothiques, en noir et rouge ; beau frontispice, gravé sur bois, qui, tout en étant bien français, se ressent pourtant de l'influence du goût italien de la fin du xve siècle. Chaque page est encadrée de figures, ornements, etc. ; seul exemplaire connu.

(A la Bibliothèque de Limoges.)

326. Augustini Dathi senensis opusculû, in elegancia precepta cù Jod clichtoaei Neopartueêsis et Jodoci Badii ascencii commentariis..... *venales habentur in domo Pauli Berton e regione divi petri.* — A la fin : *Lemovicis impressum in officina Pauli Berton in eadem urbe apud quadruviûa sancti Petri mors trahentis, anno domini* 1518 *die vero* xviij maïi...

Petit in-4°, caractères gothiques, lettres ornées.

(A la Bibliothèque de Limoges.)

326 *bis.* Feuillets détachés du bréviaire de la cathédrale de Limoges, trouvés par M. Fray-Fournier dans la reliure d'un volume appartenant à la Bibliothèque de Limoges. — A la fin : *finit breviarium celebris monasterii sancti Marcialis ordinis sancti benedicti. antea minime impressum impendis predicti monasterii per Claudium Garnier et Mar-*

tinum Bertou socios in arte impressario, non minime expertos, comosàn juxtu jamdictum monasterium anno Domini M DCCCCC XX *primo* die septembris.

In-8°, caractères gothiques, imprimé rouge et noir, vignettes bois représentant les patrons des imprimeurs. (Accompagné d'un tirage à part d'une étude de M. Fray-Fournier.)

(A la Bibliothèque de Limoges.)

327. Grammatica Nicolaï PERROTICUM textu Jodoci Badii ascêsii... Venales habentur Lemovicis Paulum BERTON in vico de la fozie Comosan — A la fin : *Impressus Lemovicis per Paulum Bertum, anno, Domini millesimo quingetesimo vicesimo.* Die vero XXIIJ mensis maii.,

In-4°, caractères gothiques, titre et encadrement gravés sur bois.

(A la Bibliothèque de Limoges.)

328. Coutumes générales du hault pays de la Marche... se vèdêt à la maisô de Regnault Chauldière, libraire, demourât à Paris à l'enseigne de l'hôe sauvaige, à la rue St-Jacques, et à Feletin, en la maison d'Anthoine Houdon... — A la fin : *Imprimées à Paris pour Regnault Chauldière, libraire et furent achevées le quinzième jour de mars, l'an mil cinq cês* XXVI.

In-8°, caractères gothiques, gravures sur bois et lettres ornées, armes de France au titre. C'est le seul exemplaire connu.

(A la Bibliothèque de Limoges.)

329. (Missel de la cathédrale de Limoges) le titre manque ; au folio qui commence Dnica prima adventus dni... — A la fin : *Impressum Lemovicis per Leonardûm et Guillermuq de la Nouaille : in arte impressaria nô minime expertos comosàn, prope scanna ante inter signum divi Rochi. Anno incarnationis millesimo quingentesimo trecesimo septimo. Die vero* XXJ *mensis aprilis.*

In-4°, caractères gothiques, imprimé sur deux colonnes, en noir et en rouge, lettres ornées gravées sur bois ; deux feuillets encadrés ornements et figures ; sur l'un, deux gravures sur bois représentant l'Annonciation.

(A la Bibliothèque de Limoges.)

330. Thomœ linacri Britanni de emendata structuræ latini sermonis... Lugduni *apud hæredes Simonis Vincentis* M D XXXIX. — A la fin : *Lugduni excudebat Ioanes Barbou.*

In-8°, marque au titre.

(A M. Paul Ducourtieux.)

331. Epistolæ familiares M. T. Ciceronis... *Lemovicis apud Gulielmum Nouallium,* 1554.

In-8°, caractères italiques, marque au titre.

(A la Bibliothèque de Limoges.)

332. Breviarium ad usum ecclesiæ Lemovicensis authoritate et iussu reuerendi domini episcopi ac consilio et opera venerabilis capituli eiusdem ecclesiæ ac curate excussum *Lemovicis in œdibus Claudii Garnier* M D LVII.

In-8°, caractères gothiques sur deux colonnes, sauf le titre en caractères ronds. Marque aux cigognes.

(*A la Bibliothèque de Limoges.*)

333. Les heures de Nostre-Dame, à l'usaige de Limoges... (Cet exemplaire ne commence qu'au calendrier mois de mai.) — A la fin : *on les vend à Lymoges, en la maison de Hugues Barbou, près Saint-Michel*, 1582.

In-8°, caractères gothiques, noir et rouge, gravures occupant toute la page, gravures plus petites. Deux de ces gravures sont signées T. et une autre F. T.

(*A la Bibliothèque de Limoges.*)

334. Les heures de Nostre-Dame... (Même édition, mais l'exemplaire est plus complet que le précédent, commençant au mois de janvier.) — Reliure très intéressante, dorée au petit fer, de l'époque et portant sur les plats le nom de Marie Alesme, fille de Guillaume d'Alesme, conseiller doyen, garde des sceaux du parlement de Guyenne et de Catherine d'Escars de Merville et mariée à M. d'Aloigny, seigneur de la Ruffie.

(*A M. Nivet-Fontaubert.*)

335. Breviarium insignis ecclesiæ lemovicensis..... *Apud Hugonem Barbou.* — A la fin : 1585.

In-8°.

(*A M. Marc Barbou.*)

336. Novum Iesu Christi testamentum... Parisiis typis Barbou. M DCC LXXXV.

In-8°, frontispice, Gravelot, inv.; de Laugeuil, sculp.

(*A M. Marc Barbou.*)

337. Du Saint Sacrifice... par frère Louis GENDRON, de l'ordre des Carmes... *A Limoges, par Barthélemy Moriceau, imprimeur ordinaire de la ville*, 1591.

In-8°, caractères italiques. Seul exemplaire connu d'un livre sorti des presses d'un imprimeur dont on ne connaît pas d'autre ouvrage.

(*A la Bibliothèque de Limoges.*)

338. Heures de Notre-Dame à l'usage de Lymoges toutes au long avec plusieurs belles oraisons en latin et en français, et y a esté aiousté la confession generalle et les hymnes plus communs de l'année avec le pseaume de in exitu Israel et calendrier reformé. (Emblème de Barbou — meta laboris honor — de long travail, fruict et honneur.) *A Limoges, par Hugues Barbou,* 1594 (nous avons reproduit en entier le titre qui manque dans plusieurs exemplaires).

Caractères gothiques, rouge et noir, vignettes, etc.

(*A M. Marc Barbou.*)

839. Medulla totius philosophiæ... authore PETRO VALADE, presbitero lemovico..... *Lemovicis apud Leonardum Dessable typographum et bibliopolum prope arenarum Carmelitas,* M DC XCV.

In-8°.

(*A la Bibliothèque de Limoges.*)

840. Sainct-Jacques tragoedi, reprœsentée publiquement à Limoges par les confrères pèlerins dudict sainct, en l'année 1596. Le iour et feste sainct Iaques, 25 juillet, par B. BARDON DE BRUN. *A Lymoges, par Hugues Barbou* 1596.

In-8°, en caractères italiques, marque au titre. On ne connaît que deux exemplaires de cet ouvrage.

(*A la bibliothèque de Limoges.*)

841. Enchiridion sinfe Manvale Parochorum accuratissime reçognitum restitutum suisque absolutum numeris ex. S. Ro. ecclesiæ, nec non insigniorum ecclesiarum Galliæ, ritualium collatione... Nunc primum editum, reverendi CHRISTO Patris. D. Henrici de la Marhonie lemovicensis episcopi permissio... *Lemovicis apvd Hvgonem Barbov...* MDXCVII.

In-4°, imprimé en rouge et noir, lettres ornées, ornements divers, plain-chant, marque au titre.

(*A la Bibliothèque de Limoges.*)

842. M. Tvllii Ciceronis epistolœ ad T. Pomponium Atticum ex fide vetustissimorum codicum emendatæ studio et opera SIMEONIS BOSII, prœtoris lemovicensis... *Ratiasti Lemovicem apvd Hvgonem Barbovm in anno* CIƆ IƆ XXC.

In-8°, caractères italiques. Marque au titre.

(*A la Bibliothèque de Limoges.*)

843. Traité de l'oraison mentale... par le R. P. FRANÇOIS ARIAZ de la compagnie de Iésus... *A Limoges, par Hvgues Barbou,* 1598.

In-8°.

(*A la Bibliothèque de Limoges.*)

844. Rituale seu manuale Lemovicense auctoritate illustrissimi etc., francisci de Carbonnel de Canisy, episcopi lemovicensis. *Lemovicis apud Petrum Barbou...* M DC XCVIII.

In-8°.

(*A la Bibliothèque de Limoges.*)

345. Très hvmble remonstrance et requeste des religieux de la Compagnie de Jésus au très chrétien roi de France et de Navare Henri IIII. *A Limoges, par Hugues Barbou, suivant copie imprimée à Bordeaux, par S. Millanges, 1599.*

In-12.

(A la Bibliothèque de Limoges.)

346. Le Socrate rustique... *chez Martial Barbou.*

Un volume in-8°.

(A M. Marc Barbou.)

346bis. (Vita libul), le titre manque.

In-12, xvie siècle.

(A M. Marc Barbou.)

347. Amaltheum poeticum et historicum..... *Lemovicis apud Viduam Martialis Barbou.*

In-12.

(A M. Marc Barbou.)

348. Les Amours sacrées, par Pierre de Marin Lymosin. *A Limoges par la Vesve de Iacques Barbou, 1615.*

In-8°, frontispice bois.

(A la Bibliothèque de Limoges.)

349. La Vérité triomphante pour les papes..., par P.-F. Montozon, *recollet... A Limoges, par la Vesve de Iacques Barbou, 1616.*

In-8°.

(A la Bibliothèque de Limoges.)

350. Recueil des hymnes et pseaumes que les confrères penitens blancs de la ville de Limoges chantent en faisant leurs processions et en visitant les églises. *A' Limoges, chez Jacques Farne...,* M DCC XXV.

In-12.

(A la Bibliothèque de Limoges.)

351. Constitutions des religieuses de Sainte-Ursule du diocèse de Limoges... *Limoges, par Guillaume Bureau, 1626.*

In-12.

(A la Bibliothèque de Limoges.)

352. Prosodia Henrici Smetii. *Lemovicis apud viduam Ant. Barbov, et Martialem Barbov, regis collegis, que typographus viâ Ferrario prope Diuum Michaelem, 1653.*

In-8°, marque au titre.

(A la Bibliothèque de Limoges.)

353. Florilegium sacrum lemovicense... opera i COLLINI... Lemovicis Joan *apud ... Chapoulavd, typographicum viâ Lianaria,* 1673.

·In-8°.

(A la Bibliothèque de Limoges.)

354. Abrégé de la dévotion dv Saint-Rosaire de la mère de Diev, à *Limoges, chez Estienne Lecler...* (l'approbation royale est de 1680).

In-8°.

(A la Bibliothèque de Limoges.)

355. Psalmarum expositiones... auctore J. PINCHAUD, ejusdem ecclesiæ canonico theologie. *Lemovicis apud Charbounier-Pachi urbis collegisque typographum,* M DC LXXX.

In-8°.

(A la Bibliothèque de Limoges.)

356. Recueil des litanies, hymnes et pseaumes que les confrères pénitens noirs de la ville chantent en faisant leurs processions. A *Limoges, chez Jean Chapoulaud...* M DC LXXX.

In-8°, portrait gravé à l'eau-forte, d'une pointe très inexpérimentée.

(A la Bibliothèque de Limoges.)

357. Histoire de Saint-Martial, apôtre des Gaules... par le R. P. BONAVENTURE SAINT AMABLE, religieux. A Limoges, chez François CHARBONNIER PACHI... M DC LXXXIII pour le 2ᵉ volume. Le 3ᵉ volume est imprimé chez Antoine Voisin, M DC LXXXV. Le 1ᵉʳ volume sort des presses de Clermont.

(A la Bibliothèque de Limoges.)

358. Le triomphe du Très Saint Sacrement, ou la procession célèbre qu'on fit à Limoges le jour qui finissait l'octave de la Fête-Dieu, le 20 juin 1686. *A Limoges, chez Jean Legier.*

In-8°.

(A la Bibliothèque de Limoges.)

359. Le Pastoral de Limoges... composé par l'ordre de Monseigneur, l'illustrissime et reverendissime LOUIS D'URFÉ, évêque de Limoges. *A Limoges, chez Pierre Barbou, imprimeur de mondit seigneur l'évêque,* M DC LXXXIX.

In-8°, armes de Louis d'Urfé, gravé sur cuivre au titre.

(A la Bibliothèque de Limoges.)

360. Justini historiarum... *Lemovicis apud Petrum Barbou...* 1698.

In-12, marque au titre.

(*A la Bibliothèque de Limoges.*)

361. Règlements de l'hôpital général de Saint-Alexis de la ville de Limoges. *A Limoges, chez Jacques Farne*, 1784.

In-8°.

(*A la Bibliothèque de Limoges.*)

362. Le bon emploi du temps... *A Limoges, chez Martial Sardine...* M DCC LI.

(*A la Bibliothèque de Limoges.*)

363. Processionnal de Limoges, publié par l'autorité de Mgr l'illustrissime et reverendissisme Jean GILES DU ¡COETLOSQUET, évêque de Limoges... *A Limoges, chez Jean-Baptiste Dalesme...* M DCC XLIII.

In 8°, armes épiscopales.

(*A la Bibliothèque de Limoges.*)

364. EUTROPII historiæ romanæ accedunt selectæ lectiones dilucidando auctori appositæ. *Parisiis typis Josephi Barbou,* M DCC LIV.

Un vol. in-8°, Eisen, invénit; De la Fosse, sculpsit.

(*A M. Paul Ducourtieux.*)

365. PHŒDRI augusti liberti fabulæ ad manuscriptos codices et optimam quamque editionem emendavit Steph. And. Philippe. *Lutetiæ parisiorum typis Josephi Barbou,* M DCC LIV.

In-8°, frontispice, Durandi, inv., del., et Fessard, sculp. Au commencement et à la fin de chaque livre, vignettes : Durand, inv., et del.; Fessard sculp, 1747.

(*A la Bibliothèque de Limoges.*)

366. JULII CÆSARIS commentoriorum de bello gallico libri septem *Parisiis typis Josephi Barbou,* via Jacobœa subciconiis, M DCC LV.

2 vol. in-8°, frontispice au tome 1er. B. Picard, inv.; Cl. Duflos, sculp. En tête du livre premier de chaque volume des armes, gravées à l'eau-forte.

(*A la Bibliothèque de Limoges.*)

367. Q. CURTII RUFI de rebus gestis Alexandri Magni... *Parisiis typis J. Barbou,* M DCC LVII.

In-8°, frontispice, Eisen, inv.; L. Lempereur, sculp.

(*A M. Marc Barbou.*)

368. M. Tullii Ciceronis Cato major. Lutetiæ, *typis Josephi Barbou* M DCC LVIII.

In-12, portrait de Caton; P. P. Rubens, del.; Fiquet, sculp.

(*A M. Marc Barbou.*)

369. Titi Lucretii cari de rerum natura... Lutetiæ parisiorum *typis Josephi Barbou* M DCC LIX.

In-8°, frontispice, Fras. van Mieris, inv. et del.; Ch. Duflos, sculp.

(*A M. Marc Barbou.*)

370. Selecta Senecæ philosophi opera... *Parisiis typis Barbou* M DCC LXI.

(*A M. Marc Barbou.*)

371. Marci Accii Plauti comœdiæ quæ supersunt. *Parisiis typis J. Barbou, viâ san Jacobœa,* sub signo ciconiarum, M DCC LIX.

In-8°, frontispices et vignettes en tête de page. Ch. Eisen, inv.; Allamet Lempereur, sculp.

(*A la Bibliothèque de Limoges.*)

372. Calendrier ecclesiastique et civil du limousin pour l'année 1762. *A Limoges, chez Martial Barbou...*

In-12, premier calendrier publié à Limoges.

(*A la Bibliothèque de Limoges.*)

373. Manuel typographique utile aux gens de lettres et à ceux qui exercent les différentes parties de l'art de l'imprimerie, par Fournier le jeune, à Paris, imprimé par l'auteur et se vend rue des Postes, *chez Barbou, rue Saint-Jacques,* M DCC LXIV.

2 vol. in-8°, frontispice de Selve, inv. et del.; de Selve, sculp. Cet ouvrage renferme de nombreux specimens des ornements mobiles, nommés *vignettes,* employés d'abord à l'imprimerie royale, vers 1734, puis perfectionnés par Fournier lui-même.

(*A la Bibliothèque de Limoges.*)

374. Traités historiques et critiques sur l'origine et les progrès de l'imprimerie, par M. Fournier le jeune, graveur et fondeur en caractères d'imprimerie. *Paris, de l'imprimerie de J. Barbou, rue et vis-à-vis la grille des Mathurins* (s. d.)

1 vol. in-8°.

(*A M. Paul Ducourtieux.*)

375. Chansons joyeuses mises à jour par un ane-onyme onissime (collé); nouvelle édition considérablement augmentée, et avec de grands changements qu'il faudrait encore changer à Paris et Londres et *à Ispahan seulement de l'imprimerie de l'académie de Troyes.* vxl ccd m (Paris, Barbou, 1765).

In-8°, frontispice pour la 2ᵉ partie, Gravelot, inv.; Néc, sculp.

(*A la Bibliothèque de Limoges.*)

376. Recueil de romances historiques tendres et brunettes, tant anciennes que modernes avec les airs notés par M. D. L** (de Lusse). *Paris, Barbou,* m dcc lxvii.

1 vol. in-8°, frontispice : Ch. Eisen, inv.; de Longueil, sculp.; au titre vignette, Ch. Eisen, inv. 1765; Aliamet, sculp.; bois, culs de lampe, ornements divers. En tête de la première page un bois signé Gravelot, inv.; Papillon, sculp.

(*A la Bibliothèque de Limoges.*)

377. M. Tulli Ciceronis opera; tomus primus Parisis... Barbou, m dcc lxviii.

Portrait P. P. Rubens, del.; L. J. Cothelin, sculp.

(*A M. Marc Barbou.*)

378. Manuel du diocèse de Limoges, imprimé par ordre de Monseigneur l'illustrissime et reverenderissime Louis-Charles Duplessis d'Argentré, évêque de Limoges. *A Limoges, chez François Dalesme...* m dcc lxxiii.

In-12.

(*A la Bibliothèque de Limoges.*)

379. M. Tullius Cicero, de officiis, ad Marcum filium. *Lutetiæ typis Jos Barbou, via Mathurinensium,* m dcc lxxiii. — A la fin : Litteræ quibus impressus est hic liber, à P. S. Fournier incisi sunt.

Un volume in-12, frontispice à J.-M, Moreau del; M. Le Mire, sculp.
Très beau spécimen, tant pour le goût du frontispice que pour l'exécution typographique et la bonne disposition des vignettes mobiles. La reliure en maroquin rouge sort de l'atelier de Barbou.

(*A M. Charles Henry.*)

380. Rituel du diocèse de Limoges, publié par l'autorité de Monseigneur Louis Charles du Plessis d'Argentré. *A Limoges, chez François Dalesme,* m dcc lxxiv.

In-4°.

(*A la Bibliothèque de Limoges.*)

381. Jacobi Vanieri, prœdium rusticum... Parisiis Jos. Barbou, m dcc lxxiv.

Frontispice Gravelot, inv.; de Langlois, sculp.

(*A M. Marc Barbou.*)

382. Imitatione Christi... *Parisiis typis J. Barbou,* M DCC LXXIV.

In-8°, frontispice, C. Eisen, inv. ; Baquoy, sculp.

(A M. Marc Barbou.)

383. QUINTI HORATII Flacci detersis recentibus plerumque maculis nitori suo restituta nova editio. *Parisiis typis J. Barbou, viâ Mathurinensium,* M DCC LXXV.

Un volume in-8°, frontispice, B. Picart, inv.; C.-L. Duflos, sculp.

(A M. Paul Ducourtieux.)

384. TITI LIVII PATAVINI historarium ab urbe condita libri qui supersunt... *Parisiis typis Barbou,* M DCC LXXV.

In-12, portrait, J. C. Phillips, del.; L. J. Catholin, sculp.

(A M. Marc Barbou.)

385. Poésies de MALHERBE, rangées par ordre chronologique avec la vie de l'auteur et de courtes notes par A. G. M. Q.; nouvelle édition revue et corrigée avec soin. *A Paris, chez J. Barbou, rue et vis-à-vis là grille des Mathurins,* M DCC LXXVI.

Un volume in-8°, portrait de Malherbe; N. D. Monstiers, pinx; L.-J. Catholin, sculp., Culs-de-lampe et fleurons bois.

(A M. Paul Ducourtieux.)

386. Francisci-Josephi DESBILLONS fabulæ Æsopiæ curis posterioribus omnes fere emendatæ quibus accesserunt plusquam C LXX novæ sexta editio. — A la fin : Literæ quibus impressus est hic liber, à P.-S. Fournier juniore incisæ sunt: *Parisiis, typis J. Barbou, via Mathurensium,* M DCC LXXVII.

Un volume in-8°, frontispice N. Blakey, inv. et del.; C. Baquoy, sculp.

(A M. Paul Ducourtieux.)

387. Jacobi VANIERII e societatis Jesu, prœdium rusticum Tolosæ. *Parisiis, apud Joanem Barbou, via Jacobœa sub ciconiis,* M DCCC XLVI. (Un fleuron remplace la marque.)

Un volume in-8°, frontispice gravé par Brunet, nombreuses gravures, ne portant aucune signature.

(A M. Paul Ducourtieux.)

388. Feuille hebdomadaire de Limoges, année 1778. A Limoges, *de l'imprimerie de Pierre Chapoulaud,* M DCC LXXVIII.

In-4°, premier périodique paru à Limoges.

(A la Bibliothèque de Limoges)

Exposit. Livre.

5

389. Amœnitates poeticæ sive Theodori BEZÆ Marci Antonii MURETI et Joannis SECUNDI juvenilia...
Lugduni Batovorum væneunt parisiis apud Josephum Barbou, via Mathurensium, M DCC LXXIX.

(*A la Bibliothèque de Limoges.*)

390. CAII PLINII secundi historiæ naturalis... *Parisiis J. Barbou* M DCC LXXIX.

In-8°, frontispice, Marillier. inv.; Duflos, sculp. (8 vol.)

(*A M. Marc Barbou.*)

391. Ordre du chant pour les processions de Limoges que fait le chapitre de l'église de Saint-Martial... *A Limoges, chez François Dalesme,* 1783.

In-8°.

(*A la Bibliothèque de Limoges.*)

392. De imitatione Christi... *Parisiis typis Barbou,* M DCC LXXXIX.

In-8°, allongé.

(*A M. Marc Barbou.*)

393. Les Bucoliques de VIRGILE, traduites du latin en français. *A Limoges, chez L. Barbou, imprimeur du roi et du collège,* M DCC LXXXIX.

In-8°.

(*A la Bibliothèque de Limoges.*)

394. CATULLUS TIBULLES et PROPERCIUS... *Parisiis typis fratrum Barbou...* M DCC XCII.

In-8°, frontispice.

(*A M. Marc Barbou.*)

395. OVIDII NASONIS opera... *Parisiis typis fratrum Barbou,* MDCC XCIII.

In-8°, frontispice, Eisen, inv.; Baquoy et de Languet, sculp.

(*A M. Marc Barbou.*)

396. Constitution de la République française, *Limoges, François Dalesme,* an IV.

In-8°.

(*A la Bibliothèque de Limoges.*)

397. Proposition d'un congrès de paix générale, par J.-J. JUGE, *à Limoges, en l'imprimerie de L. Barbou...* an VII de la République.

In-12.

(*A la Bibliothèque de Limoges.*)

398. Catéchisme à l'usage de toutes les églises de l'Empire français, imprimé par ordre de Mgr M.-J. Philippe du Bourg, évêque de Limoges... *A Limoges, chez Barbou,* 1807.

In-12°.

(*A M. E. Lachenaud.*)

399. Quelques fables choisies de Lafontaine, mises en vers patois limousin... par J. Foucaud... *A Limoges, chez J.-B. Bargeas...* an 1809.

In-8°.

(*A la Bibliothèque de Limoges.*)

400. Essai historique sur la sénatorerie de Limoges... par M.-J. Duroux... à Limoges, *chez Martial Ardant,* 1811.

In-4°.

(*A la Bibliothèque de Limoges.*)

401. Recueil de poésies patoises et françaises de F. Richard... *Limoges, F. Chapoulaud.*

In-8°.

(*A la Bibliothèque de Limoges.*)

402. Oraison funèbre de Louis, seizième du nom, prononcée en la cathédrale de Limoges, le 21 janvier 1815, par M. Goumot, chanoine honoraire. *Limoges, de l'imprimerie de Martial Ardant,* 1815.

(*A M. Firmin Ardant.*)

In-8°.

403. Statuts et règlements généraux de la grande frérie érigée en 1556, en l'honneur du glorieux Saint-Martial, apôtre de l'Aquitaine. *Limoges, chez François Chapoulaud, an* 1820.

In-8°.

(*A la Bibliothèque de Limoges.*)

404. La Télémaquéide... en vers français par M. Bouriaud aîné.. *Limoges, Ardant, imprimeur, libraire.*

In-8°.

(*A la Bibliothèque de Limoges.*)

405. Le sacre de Charles X, suivi de plusieurs autres pièces en patois et en français, par la Muse campagnarde... *Limoges, Martial Ardant,* 1829.

In-8°.

(*A M. Firmin Ardant.*)

406. Divini amoris fasciculus... opera P. G. Labiche-de-Régnefort... Lemovicis, ex prelis F. Chapoulaud, M DCCC XXXII.

In-12.

(*A la Bibliothèque de Limoges.*)

407. Le Limousin historique... dirigé par Achille Leymarie. Limoges, 1835, imprimerie *Noyer*, *à Saint-Yrieix*.

Cet exemplaire est le seul connu avec le frontispice romantique.

(*A M. Nivet-Fontaubert.*)

408. Historique monumental de l'ancienne province du Limousin..., par J.-B. Tripon... Limoges, *imprimerie Martial Darde*, 1837.

In-4°, planches lithographiques Tripon.

(*A la Bibliothèque de Limoges.*)

409. Album historique du Limousin, dessins et illustrations par J.-B. Tripon, texte par M. Louis Ayma, à Limoges. *Lith. de Tripon*, dessins à la plume lithographique.

In-8°, frontispice, dessins, planches, etc.

(*A la Bibliothèque de Limoges.*)

410. Carte-spécimen de deux graveurs de Limoges.

(*Aux archives de la Haute-Vienne.*)

411. Les coutumes de Limoges, texte roman et latin recueilli sur un manuscrit de 1212 et traduits par Achille Leymarie. *Limoges, à la librairie de M. Langle...,* 1839.

In-8°.

(*A la Bibliothèque de Limoges.*)

412. Le château de Chalusset ou l'excommunication chronique du xi° siècle, par M. Francis Levasseur. *A Limoges, chez Bargeas...,* 1840.

2 vol. in-8°, vignettes au titre de chaque volume.

(*A M. Fray-Fournier*)

413. Principes élémentaires de musique .. par M. Ch. Russin... *Imprimerie lithographique et typographique de V° Blondel, à Limoges.*

Frontispice dessiné à la plume lithographique.

(*A M. E. Lachenaud.*)

414. Le catéchisme poissard et la trompette du carnaval. *Limoges, chez Ardiller* (s. d.).

In-8°, vignettes sur bois au titre.

(*A M. E. Lachenaud.*)

415. Beautés des victoires et conquêtes des Français, fastes militaires de la France depuis 1792 jusqu'en 1815... par E. de La-bedollière... *Ardant frères, Paris et Limoges,* 1847.

2 vol. in-4°.

(*A M. Firmin Ardant.*)

416. Nuevo cocinero mejicano en forma de diccionario... *Isle emprenta Marcial Ardant hermanos, 1847.*

In-3°, planches dont plusieurs en couleurs.

(*A M. Firmin Ardant.*)

417. Enrique de Eichentet... par Cristobal SCHMIDT... *Isle emprenta Marcial Ardant hermanos, 1858.*

In-12.

(*A M. Firmin Ardant.*)

418. Album de los Viajès... *Isle, emprenta Marcial Ardant hermanos.*

In-4°, planches coloriées.

(*A M. Firmin Ardant.*)

419. Les fleurs de la morale en action... par E. DE LABEDOLLIÈRE. *Limoges et Paris, Martial Ardant frères, 1848.*

In-4°, vignettes sur bois, par C. Roqueplan, Girardet, Lorentz, portrait sur acier.

(*A M. Firmin Ardant.*)

420. Le Miroir d'astrologie populaire... à Limoges, chez François Chapoulaud (s. d.).

In-8°.

(*A la Bibliothèque de Limoges.*)

421. E. RUBEN, historiettes humoristiques; on les vend à Limoges, chez la veuve de Henri Ducourtieux, 1868.

In-8°.

(*A la Bibliothèque de Limoges.*)

422. J. FOUCAUD, poésies en patois limousin (édition philologique)... par M. Émile Ruben, conservateur de la Bibliothèque de Limoges... A la fin : *Limoges, imp. de Mme V° H. Ducourtieux.*

(*A la Bibliothèque de Limoges.*)

423. Collection de 52 reproductions phototypiques d'anciennes impressions limousines, parues dans le *Bibliophile limousin.*

(*A M. Paul Ducourtieux.*)

424. Collection de reproductions phototypiques, ex-libris limousins, recueillie par M. Fray-Fournier et parues dans le *Bibliophile limousin.*

(*A M. Paul Ducourtieux.*)

ESTAMPES

GRAVURE SUR BOIS, SUR BOIS CAMAÏEU. GRAVURE A L'EAU FORTE.
VERNIS DUR, VERNIS MOU, ETC. GRAVURE AU BURIN,
SUR CUIVRE ET SUR ACIER. GRAVURE EN MANIÈRE NOIRE, AQUATINTE.
GRAVURE EN MANIÈRE DE CRAYON,
EN COULEURS EN MANIÈRE DE LAVIS. GRAVURE COLORIÉE. LITHOGRAPHIE.
CHROMOLITHOGRAPHIE.

425. Gravure sur bois, par Albert DURER.

Belle épreuve.

(A M. Plankaert, architecte à Limoges.)

426. Gravure sur bois, par Albert DURER.

Belle épreuve.

(A M. Plankaert.)

427. Martyr de saint Jean Porte-Latine, patron des imprimeurs. Gravure sur bois portant le monogramme : A. D. Belle épreuve.

Haut., 0ᵐ,395 ; larg., 0ᵐ,275.

(A M. Louis Bihn.)

428. Sujet religieux (par Sigmund Feyerabeudt, sculp., 1560). Gravure sur bois, coloriée et rehaussée d'or.

Haut., 0ᵐ,110 ; larg., 0ᵐ,150.

(A M. Louis Bihn.)

429. Affiche populaire pour la représentation à Orléans de l'École des maris; xvııᵉ ou xvıııᵉ siècle.

Haut., 0ᵐ,350 ; larg., 0ᵐ,250.

(A M. Charles Henry.)

430. Vue de la place de Grève, le jour de la prise de la Bastille... Estampe populaire, époque révolutionnaire.

Haut., 0ᵐ,330 ; larg., 0ᵐ,430.

(A M. Charles Henry.)

431. Quatre paysages maritimes, d'après Claude Lorrain. Gravé en camaïeu par L. Carraciolo f.

Haut., 0^m,190 ; larg., 0^m,250.

(*A M. Charles Henry.*)

432. Six sujets en camaïeu, d'après Parmessan, L. Carrache, Maturino et federi Ge Zuccheri.

(*A M. Charles Henry.*)

433. Jésus-Christ guérissant les lépreux. Nicolas Vicentini, d'après le Parmessan (indication manuscrite). Gravure en camaïeu, pierre d'Italie lavée au bistre rehaussé de blanc. Belle pièce.

Haut., 0^m,280 ; larg., 0^m,395.

(*A M. Louis Bihn.*)

434. Le Jugement de Pâris. Gravure à l'eau-forte, école de Fontainebleau.

Haut., 0^m,310 ; larg., 0^m,425.

(*A M. Louis Bihn.*)

435. Combat à la barrière. Jac. CALLOT, inv. et sculp. Eau-forte.

Haut., 0^m,140 ; larg., 0^m,240.

(*A M. Louis Bihn.*)

436. Prédication de saint Mansuet. J. CALLOT. Eau-forte.

Haut., 0^m,194 ; larg., 0^m,255.

(*A M. le colonel Varigault.*)

437. La pièce suivante reproduite ou plutôt imitée à contre-partie par un graveur inconnu.

Haut., 0^m,175 ; larg., 0^m,260.

(*A M. le colonel Varigault.*)

438. Le jeu de boules. J. CALLOT, sculp.; Naceii. Eau-forte, belle épreuve.

Haut., 0^m,190 ; larg., 0^m,330.

(*A M. le colonel Varigault.*)

439. Dans un cartouche ornemental, en haut sur une banderolle : Battaglia del re Tessi e del tinta festa rapresentata in firenze el fiume d'Arno il di xxv di iuglio 1619, Jacomo CALLOT. Eau-forte.

Haut., 0^m,300 ; larg., 0^m,220.

(*A M. le colonel Varigault.*)

440. Eau-forte de la suite des Bohémiens. CALLOT, f.

> Vous qui prenez plaisir en leurs parolles
> Gardez vos blancs, vos testons, vos pistolles.

Haut., 0^m,125; larg., 0^m,235.

(*A M. le colonel Varigault.*)

441. Tabulam hanc Æream proprio et Exquisito morte Incisam Jacobus Calottus nobilis Lotharingus Dono Israeli Henrichetta opus perfectissimum amicorum optimo et sincerissimo. Israel exc. 1629 parisiis. Eau-forte.

Haut., 0^m,125; larg., 0^m,230.

(*A M. le colonel Varigault.*)

442. Petit cahier pour apprendre à dessiner.

Haut., 0^m,120; larg., 0^m,800.

(*A M. le colonel Varigault.*)

443. La Fuite en Egypte (passage de l'eau). Eau-forte signée à gauche REMBRANDT...; au revers, cachet de la collection du maréchal Mortier, duc de Trévise. Bonne épreuve.

Haut., 0^m,130; larg., 0^m,170.

(*A M. Louis Bihn.*)

444. Une femme assise à côté d'une nourrice qui emmaillotte son enfant, etc. Au bas de la gravure quatre quatrains. A. BOSSE, fecit.; Tavernier, excudit. Eau-forte en manière de burin. Belle épreuve.

Haut., 0^m,265; larg., 0^m,350.

(*A M. Louis Bihn.*)

445. Sept sujets militaires ou familiers, gravés à l'eau-forte par DUPLESSIS-BERTEAU.

(*A M. Charles Henry.*)

446. Christ. Eau-forte avant la lettre. Eug. Delacroix; Fréd. VILLOT, 1845.

Haut., 0^x,260; larg., 0^m,200.

(*A M. Charles Henry.*)

447. Joueurs de clavecin. Eau-forte avant la lettre. Eug. Delacroix; Fréd. VILLOT, sculp., 1845.

Haut., 0^m,240; larg. 0^m,180.

(*A M. Charles Henry.*)

448. Joueur de guitare. Eau-forte avant la lettre. En bas, à gauche, sur la planche : gravé d'après le tableau original de Murillo qui se trouve au musée de Naplês. Fréd. VILLOT, 1847.

Haut., 0^m,275; larg., 0^m,210.

(*A M. Charles Henry.*)

449. Scène tirée de Hamlet. Eau-forte avant la lettre. Fréd. Villot, 1845; Eug. Delacroix, inv.

Haut., 0ᵐ,220; larg., 0ᵐ,200.

(A M. Charles Henry.)

450. La Source; en haut : *l'Artiste*. C. Nanteuil, pinx; Sarázin, imp.; G. de Montaut, sculp.

Haut., 0ᵐ,250; larg., 0ᵐ,175.

(A M. Charles Henry.)

451. Chef maure à Meknez, par Eugène Delacroix; en haut, à droite de la gravure : les artistes contemporains. Signé Eugène Delacroix, 1833. Eau-forte.

Haut., 0ᵐ,150; larg., 0ᵐ,215.

(A M. Louis Bihn.)

452. En haut : *le Musée;* rencontre de cavalerie maure (tableau refusé au Salon), peint par Eug. Delacroix, transport et lith. Delaun; en haut, à gauche de la planche, signé Eug. Delacroix, 1834. Lithographie à la plume.

Haut., 0ᵐ,180; larg., 0ᵐ,250.

(A M. Louis Bihn.)

453. La Tour de l'horloge. Eau-forte de Meryon, belle épreuve.

Haut., 0ᵐ,200; larg., 0ᵐ,800.

(A M. Louis Bihn.)

454. Guerrier gaulois. Avant la lettre. Signé à droite Léop. Flameng.

Haut., 0ᵐ,320; larg., 0ᵐ,240.

(A M. Charles Henry.)

455. Evêque lisant. Eau-forte avant toute lettre, envoi autographe de Léopold Flameng, à Bida.

Haut., 0ᵐ,320; larg., 0ᵐ,215.

(A M. Louis Bihn.)

456. Les demoiselles de village. G. Courbet, sculpt.; imp. Delàtre, rue Saint-Jacques, 303, Paris; publié par Cadart et Luquet, éditeurs, 79, rue de Richelieu. Signé à droite de la gravure : G. Courbet (retourné). Eau forte.

(A M. Louis Bihn.)

457. Porte d'encoignure, style remarquable. Eau-forte avant toute lettre. Sans aucun nom ou monogramme. Très belle pièce.

Haut., 0ᵐ,220; larg., 0ᵐ,195.

(A M. Charles Henry.)

458. Paysage maritime. En haut à gauche : APPIAN, 1882. Eau-forte avant toute lettre.

Haut., 0ᵐ,200; larg., 0ᵐ,280.

(*A M. Charles Henry.*)

459. Cinq eaux fortes au vernis mou, par Louis MARVY. Belles épreuves de pièces rares.

(*A la Bibliothèque de Limoges.*)

460. Scène villageoise (dans une cour rustique, un homme taille un manche en bois; sur le premier plan deux petites filles vannent du blé). Vernis mou, belle épreuve.

Haut., 0ᵐ,165; larg., 0ᵐ,255.

(*A M. Louis Bihn.*)

461. En haut de la planche : Holbein inv; WHOLLAR fecit (Wenzelhollar). Au-dessous du portrait : d'Henrico Van der Burcht iunori artis pictoriæ amutari maximo amico suo dilectissimo hanc tabellam dedicat *Adam Alexius Bierling*, nᵒ 1646. Gravure, belle épreuve.

Haut., 0ᵐ,135; larg., 0ᵐ,090.

(*A M. Louis Bihn.*)

462. La Ferme. Dans le coin à gauche : Le Prince, 1771. Aquatinte bistre.

Haut., 0ᵐ,195; larg., 0ᵐ,275.

(*A M. Louis Bihn.*)

463. La Chaumière flamande, gravé de la même grandeur que le dessin original et coloré qui est dans la collection de M: Basan. Se vend à Paris, chez Basan et Poignant, marchands d'estampes. Aostade, pinx; JANINET, sculp. Aquatinte.

Haut., 0ᵐ,300; larg., 0ᵐ,220.

(*A M. Charles Henry.*)

464. La Baraque rustique, pendant du précédent.

(*A M. Charles Henry.*)

465. Six portraits au physionotrace de Quenedey.

(*A M. Louis Bihn.*)

466. Quatre portraits au physionotrace de Quenedey.

(*A M. Charles Henry.*)

467. Portrait de femme. Lepaule, pinx.; J.-A. ALLAIS, sculp. Envoi de l'auteur à M. de Cailleux.

Haut., 0ᵐ,380; larg., 0ᵐ,280.

468. Groupe de Bacchantes, signé F. Boucher, 1759; dans le coin gauche de la gravure : DEMARTEAU l[né], sculp. Tiré du cabinet de Mme d'Azaincourt, n° 260. A Paris, chez Demarteau, graveur du roi, rue de la Pelterie, à la Cloche.

Haut., 0[m],275; larg., 0[m],200.   (*A M. Louis Bihn.*)

469. La Bohémienne, tiré du cabinet de Mme d'Azaincourt. *A Paris, chez Demarteau, avec privilège du roy*, n° 43. Boucher, inv, del; DEMARTEAU L[né], sculp. Graveur en manière de crayon sanguine.

Haut., 0[m],225; larg., 0[m],160   (*A M. Louis Bihn.*)

470. Deux têtes de femmes coiffées à l'orientale. *A Paris, chés Demarteau, graveur et pensionnaire du roi*, rue de la Pelterie, à la Cloche. Vanloo, fecit; DEMARTEAU, direx., n° 372. Gravure en manière de crayon, pierre d'Italie et sanguine.

Haut., 0[m],214; larg., 0,[m]160.   (*A M. Louis Bihn.*)

471. Sujet pastoral : dans un cadre ovale, une femme à demi couchée regarde les ébats de deux jeunes enfants dont l'un grimpe à un tronc d'arbre pour briser une branche. *A Paris, chés Demarteau, graveur et pensionnaire du roi.* Lebarbier l[né], pinx.; DEMARTEAU, sculp. Gravure en manière de crayon, pierre d'Italie et sanguine.

Haut., 0[m],320; larg., 0[m],230.   (*A M. Louis Bihn.*)

472. Le sommeil de Vénus. Dédié à M. Cochin, chevalier de l'ordre du Roy et secrétaire perpétuel de l'Académie royale de peinture et de sculpture, par son très humble et très obéissant serviteur Bonnet. P. Baucher, del.; L. BONNET, sculp. A Paris, chez Bonnet, *rue Gallande, place Maubert.* Gravuré en manière de crayon, pierre noire, rehauts blancs.

Haut., 0[m],354; larg., 0[m],405.   (*A M. Louis Bihn.*)

473. Mme Favard. Boucher, del.; DESMARTEAU, sculp. Gravure en manière de crayon. Crayon noir et sanguine.

Haut., 0[m],270; larg., 0[m],205.   (*A M. Louis Bihn.*)

474. La chèvre bien-aimée. J.-B. HUET, del; Bonnet, direx. Gravure en couleurs.

Haut., 0[m],130; larg., 0[m],170.   (*A M. Louis Bihn.*)

475. Les compliments du jour de l'an. J.-B. Huet, del; Bonnet, direx. Gravure en couleurs.

Haut., 0ᵐ,260; larg. 0ᵐ,205.

476. Les présents du jour de l'an (pendant du précédent).

(*A M. Maurice Laporte.*)

477. Le Dîner, peint par J.-B. Huet; Bonnet direx. Gravure en couleurs.

Haut., 0ᵐ,260; larg., 0ᵐ,205.

478. Le Souper (pendant du précédent).

(*A M. Maurice Laporte.*)

479. L'amour prie Vénus. J.-B. Huet, del.; Bonnet, direx.

Haut., 0ᵐ,235; larg., 0ᵐ,180.

(*A M. Maurice Laporte.*)

480. L'Éventail cassé, par Fragonard. Gravure en couleur, aux cinq cuivres. Belle épreuve, superbe spécimen du genre.

Haut., 0ᵐ,260; larg., 0ᵐ,210.

. (*A M. Maurice Laporte.*)

481. Paul et Virginie (M. de la Bourdonnais, chez M. de Latour, embrasse Paul.) Schall, pinx.; Descourtis, sculp. (quelques lignes pour expliquer le sujet.) *A Paris, chez Descourtis, quai de l'Horloge-du-Palais*, nᵒ 63. Gravure en couleur aux cinq cuivres, très beau spécimen du genre.

Haut., 0ᵐ,318; larg., 0ᵐ,405.

(*A M. Louis Bihn.*)

482. Naufrage de Virginie et mort de Virginie. Dutailly, del., et Guyot, sculp. Deux gravures en couleurs dans des médaillons circulaires tirées sur la même planche.

Haut., 0ᵐ,120; larg., 0ᵐ,200.

(*A M. le colonel Varigault.*)

483. Paul et Virginie (Virginie retrouvée sur la plage) (pendant du précédent). L'adresse de Descourtis a été effacée et ainsi rectifiée : rue de Harlay, nᵒ 27.

(*A M. Louis Bihn.*)

484. Scène qui paraît se passer en Italie. Le titre, les noms du dessinateur et du graveur ont été coupés avec les marges. Gravure en couleurs.

Haut., 0ᵐ,330; larg., 0ᵐ,430.

(*A M. le colonel Varigault.*)

485. Pendant au précédent.

(A M. le colonel Varigault.)

486. Quatre sujets tirés de Paul et Virginie, reproduction en couleurs ou gravure au pointillé, de Schal. Les titres et les noms du dessinateur et du graveur ont été coupés avec les marges.

(A M. le colonel Varigault.)

487. Portrait de Voltaire âgé, dans un médaillon ovale. Dédié à « Belle et Bonne », fille adoptive de Voltaire, peint par Garnerey, an XI (1803), gravé par P.-M. ALIX. *A Paris, chez M. P. Drouhin, éditeur*, s. g. Gravure aquatinte en couleurs.

Haut., 0ᵐ,400; larg., 0ᵐ,310.

(A M. Louis Bihn.)

488. Ah! mon ami, sans toi, ils m'entraînaient. A. Sergent, del; P. de MACHY fils, sculp. Gravure en couleurs.

Haut., 0ᵐ,200; larg., 0ᵐ,150.

(A M. le colonel Varigault.)

489. La marchande de galette. Dessiné et gravé par DEBUCOURT, 1821. Gravure en couleurs, très belle planche.

Haut., 0ᵐ,245; larg., 0ᵐ,350.

(A M. Maurice Laporte.)

490. Le café ambulant. Dessiné et gravé par DEBUCOURT, 1821 (pendant du précédent).

(A M. Maurice Laporte.)

491. Le goûter des Anglais. Dessiné et gravé par DEBUCOURT.

Haut., 0ᵐ,300; larg., 0ᵐ,225.

(A M. Maurice Laporte.)

492. Route de Poissy. Dessiné par Carle Vernet, gravé en couleurs par DEBUCOURT.

Haut., 0ᵐ,280; larg., 0ᵐ,400.

(A M. Maurice Laporte.)

493. Une leçon d'exercice... par DEBUCOURT. Gravure en manière de lavis.

Haut., 0ᵐ,226; larg., 0ᵐ,360.

(A M. Maurice Laporte.)

494. Les joueurs de boules. Dessiné par Carle Vernet, gravé en couleurs en manière de lavis par DEBUCOURT.

Haut., 0ᵐ,300; larg., 0ᵐ,400.

(A M. Maurice Laporte.)

495. La danse des chiens en désordre. Carle Vernet, del.; Debu-court, sculp. Gravure en couleurs; belle épreuve.

Haut., 0ᵐ,230; larg., 0ᵐ,400.

(*A M. Maurice Laporte.*)

496. Sujet inconnu, Sergent, del.; gravure en couleurs.

Haut., 0ᵐ,220; larg., 0ᵐ,300.

(*A la Bibliothèque de Limoges.*)

497. Les galans surannés ou les petits papas à la mode. Dessiné et gravé par Debucourt, germinal 1804 : déposé à la bibliothèque nationale. Aquatinte.

Haut., 0ᵐ.250; larg., 0ᵐ,420

(*A M. Louis Bihn.*)

498. Promenade anglaise. Dessiné par C. Vernet, gravé par P.-L. Debucourt. A Paris, chez Ch. Bance, rue Jean-Jacques-Rous-seau, nᵒ 10. Gravure coloriée.

Haut., 0ᵐ,320; larg., 0ᵐ,255.

(*A M. Louis Bihn.*)

499. Mameluck porte-étendard. Dessiné par Carle Vernet, gravé par Debucourt. Gravure en couleurs.

Haut., 0ᵐ,300; larg., 0ᵐ,230.

500. Mameluck (pendant du précédent).

(*A M. Maurice Laporte.*)

501. Officiers prussiens. Dessiné par C. Vernet, gravé par Debu-court.

Haut., 0ᵐ.300; larg., 0ᵐ,230.

502. Officier anglais se rendant à une partie de plaisir. Même série.

503. Officier de dragons danois. Même série.

504. Militaires écossais. Même série.

(*A M. Maurice Laporte.*)

505. Paris incroyable... 5 planches. Horace Vernet, del., Gatine, sculp. Gravures coloriées.

Haut., 0ᵐ,320; larg., 0ᵐ,200.

(*A M. E. Lachenaud.*)

506. J' savois ben qu' jaurions mon tour. En haut : Vive le roi!
Vive la nation! En bas, à gauche : 1789, A. P. Gravure en couleurs.

Haut. 0ᵐ,195 ; larg., 0ᵐ,150.

(*A M. Charles Henry.*)

507. Défaite des contre-révolutionnaires commandés par le petit
Condé..... Se vend à Paris, chez les principaux marchands d'estampes. Gravure coloriée.

Haut., 0ᵐ,380 ; larg., 0ᵐ,520.

(*A M. Louis Bihn.*)

508. Marche du Don Quichotte moderne pour la deffence du
Moulin des Abus. Gravure coloriée.

Haut., 0ᵐ,460 ; larg., 0ᵐ,610.

(*A M. Louis Bihn.*)

509. Mirabeau sortant de table. Gravure coloriée.

Haut., 0ᵐ,286 ; larg., 0ᵐ,190.

(*A M. Louis Bihn.*)

510. Jugement en dernier ressort de l'aristocratie aux enfers
où l'on y remarque les principaux monstres. Gravure coloriée.

Haut., 0ᵐ,260 ; larg., 0ᵐ,375.

(*A la Bibliothèque de Limoges.*)

511. Journée du 13 avril : « Allons, Monsieur le vicomte, voici
le moment de monter à l'échelle. » Gravure coloriée.

Haut., 0ᵐ,310 ; larg., 0ᵐ,205.

(*A M. Louis Bihn.*)

512. Très haut et très illustre bien gros, singulièrement noble
de Mirabeau Tonneau qui, après avoir été encavé pour dettes, et
reparaissant au grand air, visite dans les forteresses de rassemble-
ment, les excellences fugitives ainsi que les redoutables et élé-
gantes forces contre-révolutionnaires, desquelles il est reçu avec
les honneurs appartenans à son rang, ses rares talens, ses écla-
tantes vertus et ses inappréciables services. Eau-forte.

Haut., 0ᵐ,265 ; larg., 0ᵐ,230.

(*A M. Louis Bihn.*)

513. La contre-révolution... Se vend à Paris, chez les principaux
marchands d'estampes. Gravure coloriée.

Haut., 0ᵐ,365 ; larg., 0ᵐ,540.

(*A M. Louis Bihn.*)

514. Le conseil électoral... Gravure coloriée.

Haut., 0ᵐ,370 ; larg., 0ᵐ,520.

(*A M. Louis Bihn.*)

515. Avec autant de matière, on peut faire des déjeuners. Gra-vure coloriée.

Haut., 0ᵐ,200 ; larg., 0ᵐ,130.

(*A M. Louis Bihn.*)

516. Riquetti cravatte, gravure coloriée.

Haut., 0ᵐ,210 ; larg., 0ᵐ,150.

(*A M. Louis Bihn.*)

517. La maîtresse de Mirabeau Tonneau, vivandière de l'armée. Gravure coloriée.

Haut., 0ᵐ,240 ; larg., 0ᵐ,155.

(*A M. Louis Bihn.*)

518. Get money still and then let virtue follaw it she wil. Signé au coin gauche : Rowlandson published by reeve et Jones vere street, nov. 1808. Aquatinte coloriée.

Haut., 0ᵐ,350 ; larg., 0ᵐ,285.

(*A M. Louis Bihn.*)

519. Mirabeau, chef d'une légion, etc.
Le même que plus haut, en noir.

(*A la Bibliothèque de Limoges.*)

520. Fédération antipatriotique des ci-devant aristocrates... Aquatinte bistre.

(*A la Bibliothèque de Limoges.*)

521. Défaite des contre-révolutionnaires. Gravure au trait.

Haut., 0ᵐ,140 ; larg., 0ᵐ,210.

(*A M. Louis Bihn.*)

522. Caricature contre Bonaparte. En haut de la page, quel-ques lignes en anglais expliquant le sujet ; au dessous : Argus, del.; published Jeby 1806, by Walker nº 7 Cornill-Boney et The great state secretary. Gravure coloriée..

Haut., 0ᵐ,350 ; larg., 0ᵐ,245.

(*A M. Louis Bihn.*)

523. Grandes marionnettes politiques ou la Minerve en goguette (caricature politique de l'époque de la Restauration). Lithographie en couleurs.

Haut., 0ᵐ,310 ; larg., 0ᵐ,440.

(*A M. Charles Henry.*)

524. Les Étrennes écossaises. Gravure coloriée. Époque de la Restauration.

Haut., 0ᵐ,170; larg., 0ᵐ,250.

(A M. Émile Lachenaud.)

525. God dam vous revenir quand mon déclaration sera faite... ou la déclaration d'amour (daté 1815).

Haut., 0,ᵐ200; larg., 0ᵐ,320.

(A M. Émile Lachenaud.)

526. Bivouac prussien au jardin du Luxembourg.

Haut., 0ᵐ,170; larg., 0ᵐ,260.

(A M. Émile Lachenaud.)

527. La Révolution de 1830 en estampes, ornée de huit jolies gravures au trait et d'un texte explicatif. *Paris, Audin,* 1831 ; aucun nom d'artiste.

Haut., 0ᵐ,090; larg., 0ᵐ,150.

(A M. le colonel Varigault.)

528. Chevaux de ferme. Signé, à gauche, GERICAULT. Chez Mᵐᵉ Hulin, rue de la Paix, n° 21 ; *lith. de G. Engelman.* Belle épreuve.

Haut., 0ᵐ,190; larg., 0ᵐ,265.

(A M. Louis Bihn.)

529. En haut : l'*Artiste*. Médée furieuse (salon de 1838). Eug. Delacroix, pinx ; M. ALOPHE, lith.

Haut., 0ᵐ,150; larg., 0ᵐ,125.

(A M. Louis Bihn.)

530. L'attelage des charbonniers anglais. GÉRICAULT, del.; *Lith. de Villain.* Belle épreuve.

Haut., 0ᵐ,192; larg., 0ᵐ,305.

(A M. Louis Bihn.)

531. Lion dévorant un cheval. A droite, signé Eug. Delacroix. Eug. DELACROIX, pinx et lith.; *imp. Bertaut.*

Haut., 0ᵐ170; larg., 0ᵐ230.

(A M. Charles Henry.)

532. En haut : «l'Abbé », Walter Scott, chap. IV ; au-dessous de la plaque, quelques lignes en français et en anglais expliquant le sujet. DEVERIN del.; l'imp. lith. de H. Gaugain, n° 12, septembre 1829. A Paris, chez Henry Gaugain.

Haut., 0ᵐ,215; larg., 0ᵐ,190.

(A M. Louis Bihn.)

533. En haut : « Histoire du temps des Croisades », Walter Scott, chap. XXV ; au-dessous de la planche quelques lignes en français et en anglais. A. DEVERIA, inv. et del. Imp. lith. de H. Gaugain. A Paris, chez H. Gaugain.

Haut., 0ᵐ,210 ; larg., 0ᵐ,182.

(*A M. Louis Bihn.*)

534. En tête : Œuvres de Georges Sand, « Mauprat », 1ʳᵉ partie ; au-dessous : « on m'appela du dehors, etc. » E. et A. DEVERIA, del. ; lith. de C. Motte.

Haut., 0ᵐ,330 ; larg., 0ᵐ,250.

(*A M. Louis Bihn.*)

535. « Anne de Boulen » DEVERIA, del ; Léon Noel, lith. ; lith. de Frey. Berodecker, éditeur, rue Neuve-Saint-Eustache, 43.

Haut., 0ᵐ,350 ; larg., 0ᵐ,270.

(*A M. Louis Bihn.*)

536.

> C'est la grande revue
> Qu'aux Champs-Élysées
> A l'heure de minuit
> Tient César décédé.

(Sedlitz, poète allemand). Signé à droite de la planche : Raffet, 1838 ; *Gibaud* frères, éditeurs.

Haut., 0ᵐ,225 ; larg., 0ᵐ,300.

(*A M. Louis Bihn.*)

537. L'armée prend position devant Constantine, octobre 1835 (série de la retraite de Constantine). Signé à gauche de la planche : Ruffet, 1838 ; *Gibaud frères*. Bonne épreuve.

Haut., 0ᵐ,195 ; larg., 0ᵐ,280.

(*A M. Louis Bihn.*)

538. La dernière charrette (9 thermidor 1799). Signé à droite de la gravure : Raffet ; *Gibaud*.

Haut., 0ᵐ,200 ; larg., 0ᵐ,265.

(*A M. Louis Bihn.*)

539. Le réveil. Signé à gauche : Raffet, 1848 : *Paris, Gibaut*, et *Paris, Auguste Bry*. (Marque de la collection Queilly.)

Haut., 0ᵐ,215 ; larg., 0ᵐ,260.

(*A M. Louis Bihn.*)

540. Collection de vingt lithographies de divers maîtres.

(*A la Bibliothèque de Limoges.*)

541. Six lithographies légèrement teintées, série du portefeuille de l'Italie, lithographiées par E. Ciceri. *Imprimerie de Lemercier.*

(*A la Bibliothèque de Limoges.*)

542. Arabesques ornées de figures. Quatre pièces montées sur le même carton. Cvm privilegio regis, Stephanus. (Etienne de Laune). Eau-forte et burin.

Haut., 0ᵐ,05; larg., 0ᵐ,075.

543. Le Cavalier. Gravure par Albert Durer. Très belle épreuve.

Haut., 0ᵐ,180; larg., 0ᵐ,250.

(*A M. Nivet-Fontaubert.*)

544. Sainte famille. Gravure de F. Poilly.

Haut., 0ᵐ,400; larg., 0ᵐ,540.

(*A M. Louis Bihn.*)

545. Série de vingt gravures au burin, œuvres de divers maîtres, ancienne chalcographie royale, xviiᵉ et xviiiᵉ siècles.

(*A la Bibliothèque de Limoges.*)

546. La clémence d'Alexandre. Mignard, pinx.; G. Edelinck et Drevet, sculp.

(*A M. le colonel Varigault.*)

Haut., 0ᵐ,600; larg., 0ᵐ,500.

547. Le départ du courrier. Boucher, pinx; Beauvarlet, sculp.

Haut., 0ᵐ,600; larg., 0ᵐ500.

548. Le retour du courrier (pendant du précédent).

(*A M. le colonel Varigault.*)

HISTOIRE DE LA TYPOGRAPHIE

ICONOGRAPHIE DES IMPRIMEURS CÉLÈBRES. HISTOIRE DES LIVRES.
OUTILLAGE. MŒURS ET USAGES. CARICATURES.

549. Série de portraits des imprimeurs célèbres depuis l'origine.

(*A M. Louis Bihn.*)

550. Série de planches relatives à l'histoire de la typographie, de l'outillage, aux habitudes des typographes, etc.

(*A M. Louis Bihn.*)

551. Série de caricatures relatives à l'imprimerie, la liberté de la presse, les écrivains, etc.

(*A M. Louis Bihn.*)

Nous n'avons pas besoin de faire remarquer l'intérêt qui s'attache à ces trois séries, qu'il ne nous a pas été possible de désigner pièce par pièce dans cette édition du catalogue, le temps matériel manquant; nous réparerons cette lacune et donnerons la nomenclature complète de toutes les pièces composant cette section.

ADDENDA

Formule au nom des vicaires généraux de l'évêque d'Angoulême, pour l'institution des conseils de fabrique des paroisses.

Feuille de vélin in-12, imprimée d'un seul côté, en caractères gothiques semblables à ceux du *Questiones* et du *Grecismus*, avec les blancs réservés pour l'inscription des noms. Exemplaire portant nomination de fabriciens pour la paroisse de Gourville, à la date du 4 novembre 1532.

(A M. de Fleury.)

Ordonnance de François 1er, rendue à Paris en août 1522 et publiée à Angoulême le 13 septembre de la même année, par Pierre Saingarreau, lieutenant du sénéchal d'Angoumois.

Placard sur vélin, imprimé à Angoulême avec les mêmes caractères gothiques que le *Questiones*, le *Grecismus* et le traité de théologie, et par les mêmes imprimeurs.

(A M. de Fleury.)

Edict dv roy povr le bien et avthorite de ivstice, et des officieis de Sa Maiesté.
A Angovlesme, par Iean de Minière, M D LXXII.

(A M. de Fleury.)

Edict du roi touchant les salaires qve doiuent prendre et auoir les greffiers, huissiers et sergents pour leurs salaires...
A Angovlesme, par Iean de Minière, suiuant la coppie imprimée à Paris, par Federic Morel, imprimeur du roy, Mil D LXXIII.
Armes : fleurs de lys avec cette devise : Pietate et Ivstitia.
Edict dv Roy, par leqvel il erige et institve en tiltre d'office formé des gardes des seaulx en toutes les cours, etc... A Angovlesme, par Iean de Minières, Mil D LXXII.

(A M. de Fleury.)

6.

Exposit. Livre.

Covstvmes de la prevoste et viconte de Paris. Covstvmes de la conte de Poictov. Covstvmes dv dvche d'Angovlmois.

A Angovlesme, par Oliuier de Minière, M D LXXXVI.

(*A M. de Fleury.*)

Rudimêta Despauterij Secûdo edita intreis partes divisa : paeris... Venundantur Lemovicis per honestus virum Richardum de la Nouaille cômorâtes propescanna.

In-8°, caractères gothiques sur deux colonnes. Vignettes.

(*A M. Ducourtieux.*)

Feuillets détachés. En tête : « De comparatiuis et superlativis ».

In-8°, caractères gothiques sur deux colonnes ; bois représentant la crucifixion, commencement du XVI° siècle.

(*A M. Ducourtieux.*)

Feuillets détachés. En tête : « De generibus nominum. »
Caractères gothiques. Commencement du XVI° siècle.

(*A M. Paul Ducourtieux.*)

Statuts et privilèges de la communauté des Maîtres Pâtissiers et Rôtisseurs de la ville de Limoges : étant en charges maîtres Pierre Thalendier et Pierre Quillet, qui ont fait imprimer les présens statuts et privilèges de ladite communauté, l'an de grâce 1758.

A Limoges, de l'imprimerie de Jacques Farne. Avec permission.

(*A M. Nivet-Fontaubert.*)

Œuvres de Louise Labé Lyonnaise, édition publiée par L. Boitel, à Lyon, chez Ch. Sady, M DCCC XLV.

In-12, titre noir entouré d'ornements en rouge ; très belle exécution typographique.

(*A M. Storck.*)

REMERCIEMENTS

Sans doute, il ne m'appartient pas de remercier certains concours qui ont, pour une bien large part, contribué à mener à bonne fin l'idée d'une exposition rétrospective de l'art typographique, mais il doit m'être permis de témoigner personnellement ma profonde gratitude aux personnes qui, dans un intérêt de vulgarisation artistique, ont bien voulu se séparer, pendant quelque temps, de livres et de gravures rares ou curieux. Elles m'ont rendu la tâche dont je m'étais chargé possible, je ne puis dire facile, car une exposition improvisée en moins d'un mois (catalogue rédigé et imprimé compris), ne peut pas être une opération facile et on n'y réussit qu'avec de l'énergie, je dirais volontiers de l'audace, et beaucoup de travail.

J'ai la même gratitude pour tous nos prêteurs, sans distinction de l'importance de leur apport; cependant on comprendra que je fasse passer en première ligne ceux que j'ai retrouvés, pour la seconde fois, toujours dans des dispositions aussi libérales : lorsque, il y a quelques années, j'ai organisé une exposition rétrospective pour l'*Assistance pour le travail*, M. Maurice Laporte nous a confié un splendide choix de bijoux, de bonbonnières, etc., du plus haut intérêt artistique. Aujourd'hui, il m'adresse de très beaux livres et de superbes gravures en couleurs. M. Albert de Latour m'avait permis de choisir parmi les nombreuses pièces intéressantes, et le plus souvent de premier ordre, auxquelles l'antique et si pittoresque abbaye du Chalard donne un cadre si romantique, que l'on me passe le mot; son obligeance infatigable n'a point été lassée et il m'apporte un contingent bien précieux, car il introduit dans notre exposition une note particulièrement distinguée et élégante. M. Charles Henry, qui m'avait prêté un bien bel ensemble de camaïeux, un art trop oublié mais bien savoureux, des dessins originaux, etc., m'a laissé prendre dans ses cartons de très intéressantes gravures avant la lettre, et enfin, M. Émile Lachenaud, que je prie de m'excuser si je le fais passer le dernier, ce qui ne ne veut pas dire qu'hier comme aujourd'hui il ait été moins effectivement dévoué. M. Émile Lachenaud qui, à l'exposition du travail, figurait pour une très nombreuse série de pièces, a apporté à l'exposition des livres romantiques, des gravures, des lithographies, etc.; je ne puis tout citer, je me bornerai à mentionner sa si gracieuse collection de gravures de modes qui montreront aux dames non effrayées de la spécialité de notre exposition, que l'élégance, chez nous a des antécédents, et que des modes bien vieilles, tranchons le mot, bien démodées, ont encore un charme particulier.

Je remercie et bien vivement l'administration des archives, la Société archéologique et historique du Limousin, MM. Barbou, Binh, Courtot, Ducourtieux, de Fleury, Fray-Fournier, Laguenie, Leclerc, Leroux, Niquel, Plankaert et Varigault.

M. le colonel Varigault a consenti à se séparer pour quelques jours de beaux livres qui lui viennent de M. Cournuejoul, le délicat bibliophile, le fin lettré dont le souvenir restera bien vivant parmi ceux qui l'ont connu; l'apport de M. Fray-Fournier a permis de montrer à quelques bibliophiles enclins à l'oubli ce que valait Prud'hon; M. Ducourtieux a provoqué des prêts et a donné aussi quelques bons livres.

M. Louis Binh m'a envoyé un choix nombreux de pièces toutes intéressantes; son concours m'a été véritablement précieux.

Enfin, je dois des remerciements à quelques personnes que diverses circonstances et surtout la rapidité avec laquelle nous avons opéré, ont empêché de donner leur concours; j'ai, dans la pensée d'une autre exposition, des promesses sur lesquelles je compte absolument... mais une prochaine exposition... enfin, il n'est pas interdit de faire des projets.

Au point de vue de l'installation matérielle, l'administratration municipale, la direction des travaux de la ville, l'administration de l'École des arts décoratifs, M. Charles-Lavauzelle, etc., ont montré un dévouement que je ne saurais passer sous silence, bien que, encore une fois, je n'aie pas l'autorité nécessaire pour les remercier, officiellement en quelque sorte.